홀로 선 나무는 제 그림자를 지킨다

조향미 수필집

홀로 선 나무는 제 그림자를 지킨다

수필과비평사

· PROLOGUE

꿈꾸기를 즐긴다.

꿈속에서 나는 당당하다. 현실에서는 사회적 관계 때문에 억누르지만, 꿈속에서는 할말 하고, 하고 싶은 일도 한다. 꿈속에서나마 해방되고 싶어서일지도 모른다.

글밭이라는 가상의 공간을 만났다. 내가 해왔던 일을 반추하지만 느낌과 생각을 정리해 보는 곳이다. 여전히 삶의 무게가 부담이지만 그 속에서는 힘겨운 등짐을 내려놓는다. 날개를 달고 날아다니기도 한다.

지나온 세월을 돌아보곤 한다. 시간은 꽃이다. 달려가 버린 청춘도 꽃이요, 맞이할 세월 또한 꽃이리라. 누가 그 향기에 잘잘못을 따지겠는가. 정원에 핀 꽃도, 눈길 머물지 않는 길섶 야생화도 나 자신이거늘.

글 속에서는 추호의 흔들림 없는 자세로 쓰고 싶다. 돌아보니 온통 흔들리며 살아오지 않았는가. 사람에 휘둘리고 명예에 휘둘리고 세월에 휘둘리고…. 그게 인생인가 보다.

 글을 운명으로 받아들이기엔 아직 부족한 것이 많다. 충분치 못한 독서량과 깊지 못한 철학, 무엇보다 광활한 글의 대지에 한 발자국 제대로 들어서지 못했다는 점이다.

 주위의 많은 도움으로 일어섰다. 언제까지 손을 잡고 갈 수 없다. 앞으로의 길은 혼자여야 하므로. 도전은 이제부터다. 꿈속에서 내가 당당하듯.

하윤 하준 사랑한다.

2022년 가을에
조향미

목차

• **PROLOGUE** · 4

1부 보라빛 작은 꽃을 위하여

부채와 달 · 15

여碌 · 20

보랏빛 작은 꽃을 위하여 · 25

말 한마디 · 30

내 친구 stringer · 35

너를 지켜 줄 거야 · 40

2부 마지막 소지

애상哀想 · 47

마지막 소지 · 53

하얀 꽃 · 58

사모곡四母曲 · 63

기둥과 초석 · 68

갯내 · 73

3부 작살금

오래된 벗 · 81

작살금 · 86

명진약국 사모님 · 93

마늘 · 98

버릴 수 있는 용기 · 103

쉼표의 계절 · 108

4부 보금사 돌탑

홍매 다감 紅梅多感 · 115
홀로 선 나무는 제 그림자를 지킨다 · 120
가을, 소리에 젖다 · 125
명화의 탄생 · 130
빈 섬 · 135
보금사 돌탑 · 140

5부 글 여행자

글 여행자 · 147
여름 빈객賓客 · 152
그 여자의 신발 · 157
월명동 그 동네 · 162
덜컥 · 167
해 할머니 · 172

6부 풀빛 원피스

오후의 햇살 · 179

저문 꽃 · 184

세월을 자르다 · 189

그놈 목소리 · 194

우희를 기다리며 · 199

풀빛 원피스 · 204

작품 해설 | 박양근 (문학평론가, 부경대 명예교수)
글과 춤과 그림이 엮은 조형과 채색의 미학 · 211

EPILOGUE · 234

1부
보랏빛 작은꽃을 위하여

부채와 달

여碌

보랏빛 작은 꽃을 위하여

말 한마디

내 친구 stringer

너를 지켜 줄 거야

부채와 달

 어둠이 뜨락에 내려오기 전에 서둘러 자리를 잡는다. 성긴 비꽃이 툭툭 내린 뒤 오후 내내 머물던 가랑비는 바람에 밀려간다. 석양은 정원 숲 뒤에 숨어 미동도 하지 않는다. 하늘은 어둑하게 물들기 시작하고 사위는 제 용태를 갖춘다. 자연도 사람도 모두 한 해의 첫 보름달을 기다린다.
 누군가의 앞에서 춤을 춘다는 것은 많은 용기와 야무진 결단이 따른다. 아닌 척, 모른 척할 수 있지만 지나고 나면 후회스러운 일이 한둘이 아니다. 했던 일보다 하지 못한 일에 대해 아쉬움이 더 많은 게 삶이다. '그때 그럴걸….' 또다시 회한의 늪에 빠지고 싶지 않다는 생각이 들어 무대를 만들기로 했다. 허무하게 놓쳐 버린 시간을 보상이라도 하듯 마음먹고 준비했다. 바람에 너울거리는 실버들처럼 무희가 하늘하늘 발걸음을 옮긴다. 느리고 애잔한 계면조 음이 낮게 깔리고 복잡한 심경의 나그네 같은 춤새는 잠시 머뭇거린다. 독무가 시작되었다.

구석구석 어둠살이 스미든 촉촉한 풀밭 위. 하얀 버선발이 수줍게 내딛기도 하고 다소곳이 무릎을 굽히기도 한다. 옥구 같은 허리가 하늘을 향해 유려하게 펴지고 부드럽게 떠올린 손길은 한기寒氣 서린 초원을 따뜻하게 녹인다. 빠른 평조에 맡긴 몸이 한순간 멈춘 후, 잔디밭에 홀로 놓인 채 기다리던 부채를 쥔다.

숨을 가다듬고 자세를 잡는다. 천천히 펼쳐진 부채에는 홍매화가 피어있고 둥근 버선코는 부끄러운 듯 살며시 치마 속으로 숨는다. 부채가 펼치고 접힐 때마다 만개한 꽃이 피었다가 떨어지고, 바람을 가르며 휘돌던 치맛자락은 홀연히 자취를 감춘다. 온몸을 떨게 하는 격정적인 춤사위가 지나자 무희의 표정은 뜨거운 정사 뒤의 눈빛처럼 허탈하고도 진하다.

겹겹이 접힌 부챗살이 펼쳐지면서 매화가 우수수 붉게 떨어진다. 부채 속 임의 얼굴이 봄꽃처럼 피어난다. 이 순간만은 영원히 함께하기를…. 오금과 도듬새로 숨가쁘게 내딛던 발도, 허공을 감싸 안던 하얀 손짓도 천천히 제자리를 찾는다. 정靜.

마지막 춤사위를 위해 잠시 숨을 들이켠다. 전장의 장수가 적진의 심장을 향해 칼을 겨누듯 접힌 부채를 들어 하늘을 겨룬다. 달무리도, 지나가는 구름도 일시에 멈추었다. 그때 부채 끝에 온달이 걸렸다. 정월의 한월寒月이다.

순간 떨리고도 묘한 감정이 솟구쳤다. 손에 쥔 부채 끝에 아득히 먼 곳의 달이 걸리다니. 우연도 기적도 이룰 수 없는 찰나의 만남은 무슨 조화일까. 달이 부채를 타고 내려와 무희의 온몸에 월광을 쏟아 낸다. 숨죽이고 있던 달무리가 풀밭 위로 흩어지고 구름도 말없이 비켜선다. 조용히 앉아 이별을 고하고 천천히 일어선다. 춤사위가 끝난 대보름 잔디밭에선 한 떨기 야래화가 피어난다.

연緣이다. 어떤 인연이든 수많은 사연과 수천 겁의 기다림이 있어야만 만난다. 사람들은 한 올의 연줄이 얼마나 많은 기다림 끝에 이루어졌는가에 대해 항상 몽매하다. 삶을 구성하는 가치와 의미에 영향을 주는 모든 관계에 연맥이 담겨있음은 더더욱 모른다. 비늘 모서리 같은 인연일지라도 소중히 여길 때 서로에 대한 존경심이 생겨난다. 스쳐 지나가는 만남도 쉽게 포기하지 않아야 하는 이유다.

인연은 때와 장소가 겹쳐야만 이루어진다. 장소가 같아도 시간이 어긋나거나, 시간이 같아도 장소가 다르면 결연되지 못한다. 사람의 만남도 억겁에 비하면 찰나. 적막한 기다림을 견디지 못하는 사람들은 손을 놓아 버리기 쉽다. 하지만 느리고 천천히 때론 느닷없이 삶 속에 들어오거나 마음의 준비가 되기도 전에 불쑥 찾아오기도 한다. 그게 인연이다. 그 결과 누군가에게는 희망의 선연으로, 또 누군가에게는 상실의 악연으로 남을 것이다.

  자연은 인연이 있어야 한 잎 생명을 피우고 한 열매의 숭고한 결실을 맞이한다. 꽃은 향기로, 벌은 꿀로 생존의 뿌리를 이어 나간다. 봄철 송홧가루가 흩날리고 날씨 좋은 날 민들레가 더 멀리 씨를 날려 보내는 것도 연을 기다렸기 때문이다. 바다 생명체들은 물길 따라 이동하고, 공중의 새들은 바람결을 따르므로 제 짝을 찾는다.

  사람도 인연으로 살아간다. 새벽 잠결에 들리는 고운 빗소리, 이른 아침 뽀얗게 피어오른 물안개, 바람에 실려 되돌아오는 새들의 메아리, 발길에 툭 부딪히는 돌멩이 하나, 문득 쳐다본 밤하늘의 별빛도 인연이 있어 만날 수 있다.

  온달은 구름에 가려지더라도 본연의 원을 잃지 않고 조용히 움직인다. 뭔가 기원하는 사람들은 흐리거나 한쪽이 기울어진 달을 보면 낙심하지만 진정한 인연을 이루려면 망부석이 될지언정 묵묵히 기다릴 줄 알아야 한다.

그 밤, 부채와 정월 대보름 만남은 찰나였으나 참으로 고귀하다. 헌무가 없었다면 그 연은 없었다. 선율의 울림을 무심으로 빚어내는 것은 헌사이다. 시간의 흐름에 빛과 색을 입히는 것은 헌화이며 스쳐 지나간 날들에 대한 에세이는 헌시이다. 궁극적으로 모든 예술은 삶과 인연에 대한 헌정이다.

어둠과 서리가 낮게 깔린 밤 마당. 가야금의 낮고 농현한 열두 줄 가락을 듣고 있노라니 달빛 아롱진 나목에 슬며시 어깨를 기대고 싶어진다. 버선 바닥이 물기에 젖어 들고 이마에는 땀이 밴 무희가 묵상의 자세로 하늘을 올려다본다. 달이 높이 떴다. 인연이 흐르듯 구름이 지나간다.

내 곁에 왔던 그 인연도 달빛 위를 걷는 나그네였을까.

여礁

강한 바람 따라 구름이 흩어지면서 하늘이 열린다. 바다는 출렁이는 파도를 맞이하고 새들은 급히 날아오른다. 구름 속에 갇혀 있던 햇살이 푸른 바위에 빛을 쏘기 시작한다. 파도에 잠겼던 바위가 얼굴을 내밀고 찬연하게 쏟아지는 빛 내림을 마주한다.

잠길 듯 솟아 있는 작은 바위. 달이 밀고 당기는 조수에 맞추어 사라졌다 다시 나타난다. 잠겼다 떠오른다. 주변으로 물길이 빙빙 돌며 소용돌이치는 모습이 마치 우주의 운행을 보는 듯하다. 그 틈을 놓칠세라 물새들은 바위옹두라지 위에서 잠시 쉬어간다. 비바람이 덮쳐 와도 자신을 지키는 굳센 자아. 여礁. 그 출현과 퇴장을 보며 한동안 잊고 있던 나를 꺼내 본다.

초등학교 오학년 때쯤이었다. 웬 남학생이 고등학생인 작은언니를 좋아했는지 따라오기를 반복했다. 결국 그 일이 아버지 귀에 들어갔다. 아버지는 딸의 품행을 나무라며 노발대발하였다. 언니는 잘못한 것 없다며 물러서지 않았다. 온순했던 둘째 딸의 반항에 아버지는 더 화가 났고 결국 언니는 맨발로 쫓겨났다.

통행금지가 있던 시대였다. 자정이 다가오자 현관 마루에 앉아서 신문을 보고 있던 아버지는 슬며시 방으로 들어갔다. 우리는 골목 안쪽 끝에 숨어 있던 언니를 데려와서 들키지 않게 조용히 문을 열었지만, 인기척이 안 날 수가 없다. 아버지는 못 들은 척하신 것 같다. 과년한 딸을 내쫓은 아비가 잠이 오겠는가. 통금되기 전에 식구들이 딸을 데려올 수 있도록 자리를 피해 주신 것이다.

그 후로 아버지는 다시 그 일을 거론하는 일이 없었다. '품행이 단정치 못해서'라는 말에 절대 물러서지 않았던 언니의 단단한 자존심에 호랑이 같은 아버지가 한발 양보하신 것이다. 그때 내게 큰 변화가 왔다. '자신만의 의지'라는 자아가 제 모습을 갖추기 시작했다. 잠겨 있는 연약한 바위였지만 솟아오를 때가 있는 '여'가 된 것이다.

중학교에 진학하고 사춘기가 왔을 때 아버지는 재혼하였다. 새순 같은 자아는 계모의 풍랑에 부딪혀 이리저리 휩쓸리기 시작했다. 강한 너울에 파묻힌 바위처럼 잠겨 버렸다.

　형제들과 새어머니는 백중사리처럼 서로에 대한 불만이 높아졌다. 엄격한 아버지는 집안에 잡음이 나는 것을 경계했다. 개성이 강한 아내보다 만만한 자식들을 먼저 나무랐다. 믿었던 아버지였기에 고방에 걸려 넘어진 느낌이었다. 바닥에 떨어진 자존감은 뻘배를 끄는 것처럼 무겁고 어두웠다. 하지만 아버지에게 감히 말도 못 꺼냈다. 저항하기보다 침묵을 택했지만 그건 자아에 대한 회피였다.

　물속에 잠긴 바위는 초礁라 한다. 자신을 드러내지 않는 것 자체가 장해물이 되기 쉽다. 가슴 밑바닥에서 불만과 불안이 퇴적물 쌓이듯 굳어져 가고 수면 아래 가라앉은 자아는 살아남기 위해 웬만한 자극에도 냉랭해졌다. 순수를 잃어가는 대신에 반항심이 커졌다. 어두운 바닷속에 잠긴 암초는 큰 배도 쓰러뜨린다. 돌이킬 수 없는 파괴가 되고 자신을 가라앉히는 파멸이 온다. 다시 일으켜 세워야 했다.

　그림에 몰두했다. 어린 시절부터 가장 나를 돋보이게 할 수 있었기 때문이다. 그림의 도움을 받아 파도를 헤쳐 나가기 시작했다. 색은 내 마음을 안정시키고 빛의 미묘한 파장은 좀

더 강한 자아로 일어설 수 있게 했다. 결기가 다부진 바윗돌이 되어 갔다.

잘 그린다는 소리를 듣자 더 잘하고 싶었다. 상을 받으면 더 큰 상을 받고 싶기 마련이다. 근검절약하였지만 교육에 관한 한 관대한 아버지를 졸라서 좋은 화구를 갖추었다. 그림을 그릴 때는 아무도 나를 간섭하지 않았다. 엄밀히 하자면 그림 그릴 때는 누구에게도 짜증을 부리지 않았다. 피난처였고 휴식처였던 그림을 통해 힐링되었다. '초'라는 자아는 따사로운 햇살이 비치고 물비늘이 곱게 일렁이는 바다에 솟아 있는 바위가 되었다.

미술 대학에 진학했다. 실기 능력이 뛰어난 친구들이 많이 있었지만, 자신감은 누구에게도 뒤지지 않았다. 유명 화가 전시회에도 빠지지 않고 다녔고 공모전에도 출품하였다. 우뚝 서 있는 선바위 같은 자아에는 화가의 길이 당연한 듯했다. 그것이 자만심이었다는 것을 그때는 몰랐다.

삼사 년의 세월이 지나자 예술적인 감각과 창의력이 뛰어난 친구 몇 명이 눈에 보이기 시작했다. 시각적 반응과 대상을 해석하는 그들의 능력은 뛰어났다. 나름대로 열심히 했지만, 창작 의지나 작가로서의 재능은 따라잡을 수 없었다. 나는 화가가 지녀야 할 정신력을 갖지 못했다는 뼈아픈 결론을 내렸다.

그림을 좋아하고 전공할 수 있는 정도의 재능뿐이라는 걸 스스로 인정했다. 졸업과 동시에 그림에서 멀어졌다.

여礁는 다시 잠겼다. 하지만 울분 속에 가라앉은 어두운 초礁가 아니고 다른 사람을 인정해 주는 자아로 변한 것이다. 세상일이 내 중심으로 돌아가지 않는다는 것을 터득했고 나를 보호하는 것은 '나'밖에 없다는 것도 경험했다. 부정의 말보다는 그럴 수도 있다는 동의의 목소리를 낼 수 있게 되었다. 때가 되면 물위로 자신을 내보일 수 있는 여礁의 마음을 지니게 된 것이다.

'한쪽 문이 닫히면 다른 쪽 문이 열린다.'라는 말이 있다. 방향을 바꾸어 미술 교육으로 이십여 년을 교직에 몸담았다. 퇴임 후, 수필 공부하며 잠겨 있던 감성을 수면 위로 떠올리기 위해 부단한 노력을 하며 때를 기다린다.

바위섬은 오늘도 맨몸으로 파도에 부딪힌다. 해안으로 밀려오는 거친 물살이 '여'에 막혀 기세를 죽인다. 물빛과 햇살을 머금은 여礁가 우뚝 자신의 존재를 내보인다.

초연하고 여유로운 작은 거인처럼.

보랏빛 작은 꽃을 위하여

　새벽 강가의 희붐한 안개는 옅은 보랏빛이다. 그 빛으로 강의 전설은 더욱 신비스러워진다. 신과 인간의 경계를 채색한다면 아마도 그 색깔일 것이다. 안개가 걷히면 온기 담은 햇살이 은빛 강 위로 살포시 앉는다. 둔덕에 핀 보랏빛 꽃은 이슬을 가슴에 얹고 흐르는 강물을 조용히 내려다본다.

　미술치료 공부를 시작할 무렵이었다. 학회 워크숍이 사흘 동안 대구에서 열렸다. 일정이 마칠 때쯤 지도 교수님의 총평이 있고 난 뒤였다. 발표한 과제와 심리 상담을 통해 얻어낸 각 개인에 대한 느낌을 '누워 있는 강아지' '담장 위로 고개 내민 해바라기' 등 동식물로 표현하며 설명했다.

　내 차례가 왔다. '보랏빛 아이리스.' 특별히 보라색을 넣어서

명명해 주었다. 이런저런 설명 없어도 내가 보인 심리적 유형을 잘 파악한 듯하다. 가끔 폭발할 것 같은 에너지가 표현된 그림이 있는가 하면 어둡게 드리워진 일상을 그리기도 했다. 경계선에 있는 모호한 상태를 들여다봤기 때문일 것이다. 작은 몸을 가진 꽃의 모습과 흔치 않은 보라가 주는 이미지 탓인지 그 후 보랏빛 아이리스에 깊은 연민을 갖게 되었다.

 우리 강산 지천에 있는 붓꽃은 특별히 새로운 것이 없는 토종 꽃이다. 외진 언저리마다 흔하게 있기에 무심한 시선을 감당하며 자신을 지킨다. 휩쓸리듯 피어있지만 하나하나가 혼자인 보랏빛 작은 꽃. 색이 주는 설렘일까. 꽃이 주는 나른함일까. 붉지도 푸르지도 못한 모호함이 어지럽다. 미묘하면서도 비밀스러운 감성이 보랏빛으로 어우러진다.

 우리나라 언어 중 유달리 오방색에 대한 다양한 표현이 많다. 노란색은 노르스름하다, 샛노랗다, 누렇다 등 단어만 들어도 색감의 차이가 머릿속에 그려질 만큼 익숙하다. 그러나 보라색의 표현은 많지 않다. 우리 일상에 흔치 않은 빛깔이기 때문이다. 보라라는 말은 몽골에서 유래한 귀화어다. 앞가슴에 붉은 듯 푸른 털이 나 있는 일년생 매를 일컫는 보라매라는 이름에서 따왔다 한다.

 고대 서양에서는 보라색 염료의 희소성으로 인해 로마 시대

최고의 권력자 '카이사르'만이 보라색 옷을 입을 수 있었다. 이후 오랫동안 강력하고 부유한 권력자의 복색으로 사용되었다. 기독교 성직자는 보라색 스톨을 대림절에 오시는 예수의 위엄과 존엄을 위해 입는다. 동양에서도 보라색은 특권 계층의 색으로 여겨졌다. 여러 설화에서는 비범한 사람이 태어날 때 자색紫色 구름이 자욱했다고 전한다. 신라의 골품제에도 성골이나 진골들만이 입을 수 있는 색이었다.

누구에게나 가슴 저미는 그리움의 색이 있다. 고향 부모님의 삶에는 투박하면서도 질긴 황토색 사연이 담겨 있다. 평생을 바다에서 살아온 어부는 어딜 가나 깊고 푸른빛을 잊지 못한다. 연인과의 색은 온통 분홍빛이지만 가끔은 우울한 무채색으로 바뀌기도 한다.

내 어린 시절을 빛으로 나타낸다면 밝은 색이 아니었다. 엄격한 아버지와 병약한 어머니의 부재로 집안은 불안하고 온기가 없었다. 의식주는 편했으나 마음은 텅 비어 있었다. 항상 혼자라는 생각이 마음 한구석을 차지하고 있었다.

사춘기 무렵에는 명랑하며 사교적인 사람이 부러웠다. 그런 친구와 어울리며 가면 쓴 행동으로 나의 정서적 결핍을 메우려 했다. 친구가 많아지고 다양한 관계를 만들었지만 돌아서면 빙하의 몸체처럼 가라앉는 나를 만나기도 했다. 나의 정체성은 화려하고도 적적한 그늘로 엉클어져 있었다. 녹록하지 않은 감정이 한동안 폭풍처럼 휩쓸고 지나간 후, 비로소 나의 내면을 받아들였다. 오랫동안 마음 깊은 곳에 머물고 있던 그리움을 떠나보내는 대신 보랏빛 그림자를 품었다.

보라색 이미지는 부드러우면서도 차다. 차갑지만 따뜻하다. 붉음과 푸름의 뒤에 서서 수줍게 웃는 색. 뒤 담장에서 사모하는 임을 몰래 보듯 부끄럽게 지켜보고 있는 빛. 열정을 절제하는 젊은 수도승처럼 평정을 잃지 않으려는 결.

보라의 남용은 천박의 경지보다 더 어지럽고 늙은 작부의 웃음소리보다 탁하다. 나른한 그 표정은 세상 모든 쾌락을 겪은 듯하다. 보라의 매혹은 뜨겁고 붉지만 돌아서 떠나는 그대의 차가운 눈빛과 다르지 않다.

무엇이든 조화를 이룰 때 아름답다. 서산 노을은 붉은색과 어울린 보랏빛이 있기에 더 황홀하고, 무지개는 보라색으로 마지막 신비를 완성한다. 고결하면서도 관능적이고 청순하면서도 고혹적인 보라는 어쩌면 초월의 경지를 앞둔 마지막 걸음이 아닐까. 에로스의 연인 프시케에게 색이 있다면 보라색일 것이다. 분명히. 금기를 깬 아이리스.

병리적으로 보면 보라색은 증상을 판단하는 근거가 되기도 한다. 신경정신과에서나 미술치료의 해석에 의하면 보랏빛 상

흔은 아픔에 대한 절규이며 나를 보호해 달라는 무의식의 외침이라고 한다. 속마음의 강력한 표출이다. 그 색은 자신의 아픔을 깨고 나오기 위한 절체절명의 분화구이다. 그 분출로 자신을 다시 찾는 계기를 마련한다. 그래서 나는 감히 보라를 치유를 위한 색이고 구원의 색이라 부르고 싶다.

  오늘은 보라색 카디건을 입어보리라. 내가 모호할 때도 많다는 것을, 더이상 순수함만을 간직한 사람이 아니라는 것을, 세상일에 가끔은 분별없이 흔들린다는 것을 고백한다. 아무도 알아봐 주지 않아도 저 혼자 피어있는 붓꽃의 지조는 보라이어서 더 기품 있고 우아하지 않은가. 나는 그 보랏빛 작은 꽃이 어디서든 당당하기를 기도한다.

말 한마디

 말 한마디가 사람의 운명을 바꾸기도 한다. 말한 이는 자신이 했던 말을 잊어버리기도 하지만 듣는 사람에게는 인생을 바꾸는 결정적인 동기가 되기도 한다. 말 한마디로 천 냥 빚을 갚는다는 속담이 있는가 하면, 칭찬은 고래도 춤추게 한다는 말도 있다. 나도 누군가의 한마디 말로 삶의 목표를 정한 계기가 있었다. 숨겨진 재능을 일깨워 주고 자존감을 높여 줬다.
 초등학교 시절의 나는 말이 별로 없고 체구도 작아 그다지 눈에 띄는 학생이 아니었다. 학교생활의 대부분을 앉아서 보냈다. 집에 와서는 가방을 던져 놓고 골목 친구들과 공기놀이에 열중하는 평범한 아이였다. 집에서 딱히 할 일이 없으니 바깥 놀이에만 열중했다.

이학년 때였다. 당시 초등학교 교실에는 베이비 붐 세대의 아이들이 빼곡하게 들어차 있었다. 칠십 명이 넘는 학생이 제한된 공간에서 한 분의 선생님에게 수업받았다. 많은 아이가 복닥대다 보니 제대로 움직일 공간이 부족했다. 요즘처럼 교육에 관심이 높고 사교육에 많은 공을 들이는 상황도 아니었다. 결식아동이 수두룩했고 시골에서는 초등 교육도 제대로 못 받는 아동도 많았다.

당시 어머니는 병환으로 입원 중이었다. 언니 둘은 고등학생이라 늦은 오후가 돼야 얼굴을 볼 수 있었다. 혼자 있는 동안 그림을 그리기 시작했다. 교과서에 나오는 삽화나 동화책의 주인공을 따라 그렸다. 물자가 부족한 시대라 스케치북이나 물감을 쉽게 구할 수 없었다. 공책 뒷장에도, 헌 신문지 공간에도 그렸다. 그림인지 낙서인지 모르고 그냥 그리는 게 즐거웠다.

미술 시간이었다. 나누어준 흰 종이에 선생님의 지시에 따라 그림을 그렸다. 한창 집중하고 있는데 선생님이 내 뒤에 서서 보고 계셨다. 아직 완성되지 못한 그림인데도 내 그림을 집어 들고 아이들의 시선을 집중시키며 펼쳐 보였다.

"잘 보세요. 참 잘 그렸어요."

칭찬 한마디와 함께 머리를 쓰다듬어 주고 지나갔다. 초등학교생활 중에 가장 큰 격려와 주목을 받는 순간이었다. 그때부터 집에 있으면 엎드려 그림만 그렸다. 시간 가는 줄 몰랐다. 학년이 높아졌을 때는 내가 직접 만화책을 만들었다. 서너 장이 고작이었지만, 등장인물도 그리고 줄거리도 만들었다. 가끔 언니들의 칭찬을 듣기도 했다.

 중학교에 진학했다. 영어도 하고 수학도 해야 했다. 고만고만하게 따라만 갔다. 자아의식이 강해진 나이지만 뾰족하게 내세울 게 없었다. 초등학교와 달리 중학교는 학생들 간의 학업 수행 능력 차이가 눈에 보였다. 곰곰이 생각해 보니 다른 과목을 잘해서 칭찬받지는 못해도 그림을 그리면 칭찬받을 수 있겠다는 생각이 들었다. 자신감도 있었다.

 미술 시간이 되면 신이 났다. 준비물도 빠뜨림 없이 넉넉하게 가져와 마음껏 그리고 만들었다. 미술실에서는 나를 따라올 친구가 없었다. 선생님의 칭찬까지 곁들여져 일찌감치 미대 진학을 혼자 결정해 버렸다.

 고등학교 일학년 때였다. 조소과에 가고 싶어 전공하는 선생님의 화실에 등록했다. 나름으로 열심히 따라갔지만, 오래 전부터 실기 수업받고 있었던 학생과 차이가 날 수밖에 없었다. 향상이 없다고 생각했는지 질책이 시작됐다. 흙으로 사람 두상을 만들고 있을 때였다.

"도대체 사람 두상이냐, 원숭이 두상이냐?"

화실에 있던 남녀 학생들의 시선이 일제히 내 작품에 쏠렸다. 얼굴이 화끈거렸다. 비웃음 소리가 들리는 것 같았다. 선생님의 그 말 한마디에 포기하고 말았다. 마음을 다쳤지만, 수채화로 다시 시작했다.

세월이 흘러 나 자신이 교사의 입장이 되었다. 교육 현장에서는 칭찬만 하기가 어렵지만, 격려를 많이 해주려고 애썼다. 자칫 그런 다짐이 흔들릴 때면 칭찬은 못하더라도 상처가 되는 말은 하지 않으려 했다. 교육이 중요하지만, 교육자로서 덕목도 절대 잊어서는 안 된다고 여겼다.

성공한 화가가 되지는 못했지만 지금도 미술에 대한 자부심과 열정은 누구보다 크다. 세상을 아름답게 보려는 자세와 작은 것이라도 행복해하는 마음을 갖는 것. 다양한 색채 감각을 통한 삶의 질을 향상하는 것. 미술이 우리 생활에 미치는 영향에 누구보다 민감하게 반응하는 사람이 되었다.

초등학교 시절을 떠올려 본다. 희끗희끗한 머리카락과 키가 큰 이학년 일반 담임선생님. 나에게 긍정적인 자아 개념을 갖게 하고 성취 욕구를 불러일으켜 주었던 분이다. 선생님의 말씀 한마디는 반세기가 훌쩍 지나 나를 여기에 있도록 만들어 주었다. 살아오는 동안 잊히지 않는 몇 순간 중의 하나로 꺼지지 않는 인생의 등대가 되었다.

  말은 누군가의 운명이 될 수 있다. 말하는 사람은 가볍게 얘기하더라도 듣는 사람에게는 인생을 바꿀 만큼의 큰 무게를 갖는다. 되돌아보면 나도 누군가에게 긍정의 메시지를 준 적이 있는 반면에 의도치 않게 마음의 상처를 준 일도 있을 것이다. 그 누구에게 평생을 간직하는 말 한마디가 되었을지, 아니면 좌절의 구렁텅이로 몰아넣었는지 생각한다. 그럴 때면 살아갈수록 말 한마디 한마디가 참으로 무겁게 느껴진다.

내 친구 stringer

공연장 뒤쪽 대기실 분위기는 시골 장날처럼 분주하다. 화려한 조명 아래 객석의 관심을 받는 무대와는 사뭇 다르다. 곧 무대에 나설 출연자들은 화장을 보완하거나 악기의 현을 다시 점검하며 초조히 기다린다. 순서가 끝난 사람들은 무대 의상을 벗으며 홀가분한 표정으로 잡담하거나 물을 마시며 긴장을 푼다. 공연이 진행될수록 마치고 시작하는 분위기가 어수선해진다.

취미 삼아 시작한 한국무용으로 어느덧 무대에 오르기까지 되었다. 곱게 차려입은 공연복이 행여 주름으로 구겨질까 앉지도 못하고 한쪽 구석에 서서 조용히 우리 차례를 기다린다. 지금까지 군무만 하고 있는데 언젠가는 독무를 하게 될 기회가 오기를 바랐다. 독무로 정해지면 누구나 긴장 속에 준비를 더 하기 마련이다.

어느 날 독무하는 꿈을 꾸었다. 무대 뒤에서 공연 차례를 기다리며 작은 동작으로 차근차근 춤을 추어보았다. 반 정도 진행되었을 즈음 그다음 안무가 떠오르지 않았다. 순간 호흡이 거칠어지고 가슴이 두방망이질하기 시작했다. 차분히 마음을 가다듬고 처음부터 다시 추기 시작했다. 역시 그 부분에서 머릿속이 정전되듯 모든 것이 까맣게 되었다. 도통 기억이 나지 않았다. 입안이 바짝 마르고 손끝이 떨렸다. 무대에서는 박수 소리가 나고 다음 출연자가 무대로 나갔다. 내 공연 순서는 차례차례 다가오고 있었다.

꿈을 깨었다. 긴장한 채 쥐었던 주먹이 스르르 풀렸다. 실눈으로 주변을 보니 창문이 어둡다. 바로 눈을 감고 잠을 청했지만 쉽게 잠이 오지 않았다.

꿈속의 내 모습이 종일 마음에 걸렸다. 나도 모르게 스트레스를 많이 받고 있나 보다. 해결되지 않는 문제에 둘러싸여 있는 것 같고 그게 무엇인지 똑부러지게 생각나지 않는다. 요즘은 다들 자체 격리 중이라 사람과의 관계에서 오는 긴장감은 별로 없다. 단절에서 오는 정보력 부족에 자신감이 떨어져서일까.

스트레스는 원래 '팽팽히 조이다.'라는 뜻의 라틴어 'stringer'에서 유래되었다. 19세기 물리학에서 인용되었다가 20세기에 이르러 의학에서 널리 쓰이기 시작했다. 우리 몸에 일어나는 스트레스 반응은 원시시대로 거슬러 올라간다. 맹수들이 인류의 생명과 안녕을 위협하려 할 때 싸우거나 도망가기 위한 준비과정이다. 심장이 혈액을 빨리 순환시키고 근육에 힘이 들어가며 소화와 배설을 일시적으로 멈추게 한다.

오랜 세월이 지나 맹수가 더이상 공격하지 않음에도 사람은 스트레스를 경험한다. 사회관계망에 있는 갈등이나 위협적 환경이 불안에 빠뜨린다. 정신적 압박과 신체적 긴장이 괴롭히는 것이다. 한국인이 자주 사용하는 외래어 단어 중 1위가 스트레스라고 한다. 얼마나 많은 사람이 경험하고 그 상황을 공감하면 생활 속에 일상용어로 자리잡았을까.

스트레스가 다 나쁜 것은 아니다. 적당한 스트레스는 생활에 활력을 주고 생산성과 창의력을 높이기도 한다. 한계를 극복하고 목표에 도달하게 하는 것이 스트레스의 순기능이다. 그러나 대부분 스트레스는 문제에 대처하고 적응함에도 불안이나 우울 등의 증상이 지속되는 부정적 경우가 태반이다.

스트레스를 해소하는 방법에 여러 가지가 있다. 가벼운 산책과 독서, 지인과의 잡담과 여행도 좋다. 그러나 근본적인 원인에 대해 성찰할 필요가 있다. 어려운 상황을 외면할 게 아니라 문제의 심각성을 인지하고 받아들여 마음의 상처를 치유해야 한다. 또한 자기의 능력과 한계를 인정하고 무리한 도전은 하지 않는 것도 좋은 방법이다.

무대에 서는 일이나 남에게 평가받는 일은 극한의 긴장과 스트레스를 동반한다. 그 밑바닥에는 잘해야겠다는 생각과 실패했을 때의 막연한 두려움이 함께 깔려 있다. 최선을 다해서 준비하고 기대보다 성과가 적더라도 현실을 인정하고 받아들여야 정신 건강에 좋다. 성공과 실패의 결과는 대부분 남이 평가한다. 그러나 내가 기울인 노력과 일에 대한 가치는 나만의 판단이다. 현실은 인정하되 문제에 대해 지혜롭게 대처하는 태도가 필요하다.

글의 무게도 모른 채 담담하게 쓰기를 시작하였다. 그런데 처음 예상했던 것과 달리 써 갈수록 불안이 가중되었다. 내 글이 조리돌림당하지 않을까. 숨기고 싶은 사생아 같은 내용이 알게 모르게 끼어들지 않을까. 웃음거리가 되지 않을까. 스포트라이트를 받으며 춤추다 안무를 잊은 무용수의 슬픈 공연처럼 될 것 같기도 했다.

그러나 진실 그대로를 마주한다면 쓰기는 명쾌해진다는 사실이다. 몰입의 수고로움이 스트레스로 변해 나를 채근할 때도 있으리라. 스스로 채찍질하는 구도자처럼. 그 채찍질이야말로 진실을 향한 스트레스라 말하고 싶다.

　나를 가로막던 긴장은 어느새 맨발을 살포시 받쳐주는 뽀얀 모래밭이 되어있다. 스트레스를 잘 다루기만 하면 푸서리나 자갈밭이 아니라 옥토가 되기도 한다. 어떤 일을 하면서 초조하고 막막할 때도 있지만 스트레스가 평생 좋은 친구가 되어 줄 것이라 믿어본다. 춤을 추든, 글을 쓰든, 무엇을 하며 살아가든.

너를 지켜 줄 거야

 건강한 사내아이였다. 첫 호흡 소리는 우렁찼고 잠도 순하게 잘 잤다. 퇴원하고 집에 와서 내 손으로 목욕시켰다. 신생아의 붉은 몸에는 아직 배꼽 띠가 달려 있다. 탯줄 하나에 의지하여 열 달을 보내고 세상에 나왔지만, 자궁의 연을 끊기에는 아쉬웠나 보다. 일주일 정도 지나니 저절로 떨어졌다.
 무명실에 묶인 채 까만 딱지가 되어있는 배꼽 띠를 바라보며 생각이 깊어졌다. 내 몸속에서 만들어졌고 아이의 생명 줄이 되어 준 인연의 증거다. 함부로 버릴 수가 없었다. 손수건에 소중히 싸서 장롱 깊이 넣어 두었다. 세월이 흐른 뒤 가끔 꺼내 보면 젊은 엄마와 갓난아기의 모습이 주마등처럼 스쳐 지나가곤 한다.

배꼽 띠는 희한하게 썩지 않았다. 세월이 지나면서 돌처럼 딱딱해졌다. 까맣게 변한 엄지손톱만 한 화석. 작은 돌멩이 같은 결정체를 볼 때마다 특별한 힘이 느껴진다. 아이를 지켜 줄 것 같은 무언의 부적이라는 생각이 들었다. 가끔 아들에게 보여주면 신기한 물건 보듯 했다. 그때는 엄마의 이상한 수집에 픽 웃기까지 했다.

아들이 수능 시험을 치는 날이었다. 힘이 되는 말을 해주고 싶었지만, 부담이 될까 봐 조용히 도시락만 건네주었다. 아들이 입고 갈 외투 속에 곱게 싼 배꼽 화석을 넣으며 아들에게 조용히 말했다.

"너를 지켜 줄 거야."

혹시 질색하면 어찌하나 염려했지만, 아들은 거부의 말이나 몸짓을 하지 않았다. 하나의 실수로 진로가 뒤바뀌는 살 떨리는 현장이다. 초조와 불안에 알던 내용도 하얗게 변해 생각이 나지 않는 곳이다. 물론 그 배꼽 화석 때문에 대학에 무사히 진학했다고 생각하지 않지만 믿음과 신뢰가 심리적 안정을 가져왔을 거라 믿는다. 무난하게 대학 생활을 시작하였다.

국방의 의무도 성실하게 무사히 마쳤다. 졸업이 다가왔다. 취업난이 심각하고 경쟁률도 높았다. 1, 2, 3차를 거치고 마지막 면접을 앞두고 있었다. 긴장하고 있는 아들의 양복 안주머니에 하얀 천으로 곱게 싼 까만 화석을 또 넣어 주었다. 무엇인지 알고 있는 듯 아들은 말없이 고개를 끄덕이며 집을 나섰다.

당당히 합격하고 이제 벌써 사 년 차 직장인이다. 배꼽 띠 때문에 두 번이나 잘됐다고 말하려는 게 아니지만, 아들이 중요한 일이 있을 때마다 그 돌이 지켜 줄 거라는 믿음은 마음의 다짐이 되었다. 그 다짐이 긍정적 효과를 불러온다고 생각한다.

사람들은 중요한 일이 있을 때 부적을 몸에 지니기도 한다. 추상적 염원을 구체적인 물건을 통해 확인하고 싶어 엿이나 찰떡을 선물하기도 한다. 적어도 심리적 안정과 기운 상승을 불러오는 효과를 볼 수 있다고 여긴다. 샤머니즘의 대표적 산물이라고 경시할 수 없다. 스스로 힘으로 욕망을 실현할 수 없을 때 기복적 요소를 더 강하게 원하는 게 인간의 심리이다.

아들은 이제 사회의 중심축이 되는 나이가 되었다. 나는 지공선사가 되어 아들에게 여러 가지를 의논해야 하는 약자의 위치로 바뀌었다. 그렇지만 아들을 여전히 지켜야 하는 어미다. 어미라는 사람은 나이를 먹지 않는다. 자기 몸으로 낳은 자식을 볼 때마다 크든 작든 그 아이를 낳았을 때의 산모로 돌아가는 게 보통 어미의 마음이다.

아들의 품속에 넣어 준 삼십오 년의 세월을 살아온 배꼽 화석.

어떤 보석보다 영롱하고 어떤 별보다 빛난다. 그 돌은 내겐 사리다. 부처와 고명한 승려의 몸에서 나오는 것만이 사리가 아니다. 내 몸속에서 만들어진 피와 살의 결정체이며 나의 염원과 정기가 모여 만들어진 것이다.

돌의 영험이 있든지 어미의 기원이 하늘에 닿았든지 그것은 신만이 아는 일이지만 나는 안다. 아들 앞에 부끄럽지 않은 어미로, 어쩌면 걱정밖에 할 수 없는 나이가 되더라도 아들을 지켜내야 한다. 그것이 내가 사는 이유다.

자식을 향한 마음은 똑같다. 문득 나를 지켜 준 것이 무엇인지 생각해 본다. 희망일까, 자존심일까, 아니면 나의 의지일까. 가끔 우리는 어려움에 부닥치거나 위험하다고 느낄 때 지켜 줄 누군가를 찾는다. 가족일 수도 있고 전지전능한 절대자일 수도 있다. 마음속의 신을 찾고 조상님을 불러내기도 한다. 내 마음을 기댈 수 있는 특별한 물건에 손이 가기도 한다. 나름의 방법으로 마음을 달래기도 하고 소원을 빌기도 한다. 나를 지켜 주는 부적은 바로 나의 아들들이다.

부모와 자식만큼 큰 인연이 있을까. 전생에 어떤 인연으로 만났는지. 다음 생에는 어떤 모습으로 만날지 아무도 모른다. 하지만 스쳐 지나갈 운명은 아닐 거라는 생각에는 의심의 여지가 없다. 자식을 위해 평생을 기원하고 복을 빌며 무탈하기를 소원하는 부모. 그들이 어찌 모르는 남남이 되어 사라질 수 있을까. 만약 남남이 된다면 분명 부모였던 사람에게 전생의 받은 공덕을 선의로 갚을 수 있는 의인으로 만나리라 생각한다.

  가끔 까만 돌을 꺼내 본다. 앞으로 아들 인생에 중요한 일이 있다면 나는 다시 그 돌을 아들 품속에 넣어 주며 말할 것이다.

"너를 지켜 줄 거야."

2부
마지막 소지

애상哀想
마지막 소지
하얀 꽃
사모곡四母曲
기둥과 초석
갯내

애상哀想

    산등성이에 올라서면 발아래로 푸른 평원이 펼쳐진다. 겹겹 산들 사이로 희미하게 바다가 보인다. 맑은 날이면 들판의 새들이 바다로 날아가곤 하는 이곳은 속세를 벗어난 영혼과 대면하기 위해 경건하게 무릎을 꿇을 만하다. 죽은 자는 말이 없고, 산 자는 말을 아꼈던 침묵도 기억이 되어 가슴을 열기 시작한다.
    가덕도 바닷가 몽돌은 유난히 둥글다. 사시사철 서로 부딪혀 와그르르 구른다. 그 마찰의 공명을 들으며 어부들이 하루 삶을 여는 곳이 천성 마을이다. 섬만큼의 세월을 함께하는 포구 사람들의 질긴 삶과 고달픈 애환이 닮아 있는 모습인가. 농사일과 갯가 해산물을 잡는 하루가 차라리 평화롭다.

그날, 동네 사람들은 하던 일을 멈추고 바닷가로 몰려나왔다. 멀리서 온 무당과 악사들이 굿 상을 준비했다. 눈요깃거리가 없는 섬마을에서는 떠들썩한 볼거리였다. 막내고모의 손에 이끌린 나는 빙 둘러앉은 사람들 사이로 비집고 들어가 봄날 햇살을 고스란히 받는 몽돌밭에 자리를 잡았다. 엉덩이가 따뜻해졌지만 어린 가슴은 까닭 없이 서늘해졌다. 잠시 후 상 앞에 누군가 누웠고 무당은 그 몸 위에 꺼먼 천을 덮어씌웠다. 사십 대 초반의 우리 어머니였고 그때 내 나이는 예닐곱 살 정도였다.

굿이 시작되었다. 깨어질 듯한 타악기의 음률에 신들린 무당의 칼이 누워있는 여인의 몸을 향해 찌르는 듯 휘둘렀다. 사물 소리는 맹렬하게 높아졌고 춤사위는 차츰 빨라졌다. 펄쩍펄쩍 뛰는 무당의 기세에 이러다 정말 어머니가 칼에 찔려 죽을지도 모른다는 생각에 비명을 내질렀다. 악쓰며 우는 소리가 푸닥거리를 방해했는지 무당은 잠시 멈추고 아이를 집으로 데려가라고 했다. 고모 등에 업혀 돌아오는 동안 내 울음은 여전했지만, 담벼락 너머 들리는 굿 소리는 조금씩 멀어졌다.

울다 지쳐 아랫목에서 잠들었나 보다. 두런거리는 소리에 슬며시 잠이 깼다. 어머니와 고모들이었다.

"내가 죽지 않았는데도 저렇게 우는데 정말 죽으면 얼마나 울지 생각하니….”

　목이 멘 어머니의 목소리가 들려왔다. 어렴풋이 그 소리를 들으니 어머니가 무사히 돌아왔으며 오히려 내 걱정하고 있다는 것에 마음이 놓였다. 그리고 다시 잠에 빠져들었다.

　어머니는 나의 유년기 내내 병원 생활했다. 잠시 퇴원해도 공기 좋은 곳에 집을 얻어 요양하느라 가끔 집에 찾아오는 손님 같았다. 지금의 그 병은 오래 끌 병도 아니고 치명률이 높지도 않다. 결핵이었다. 내가 기억하고 있는 어머니는 줄무늬 환자복 입고 있는 병약한 여자다. 돌아가신 후에 가끔 꿈속에 나타나도 그 차림은 변하지 않았다.

　모든 사물은 중심과 변두리로 이루어진다. 변두리는 블랙홀 같은 중심 속으로 빨려 들어간다. 사람과 사물에도 중심이 있고, 마음에도 중심이 되는 장소가 있다. 사람은 자신과 타인을 기억하기 위해 중심 사물을 떠올리고 그곳에 자신을 연결한다. 시간이 지날수록 변두리에 있던 사물들을 하나씩 새벽 안개처럼, 늦가을 떨어지는 낙엽처럼 잊힌다. 중심에 자리한 사물만 남는다.

　할머니의 비녀, 어머니의 자개농, 아버지가 남긴 낡은 책이 소중한 것은 그 사람의 삶의 중심에 자리한 물건이기 때문이다. 그래서 사람을 기억할 때 사람 자체가 아니라 사물로 기억

한다. 이입한 감정은 그 사람을 이어주는 특별한 끈이 된다.

내 어린 시절을 되살려 주는 기억은 애상뿐이다. 어린 시절 가슴속 깊은 곳에 자리한 감정은 웃음과 눈물뿐이라 여겼다. '희비'라는 말만큼 내 감정을 고스란히 드러내는 단어는 없다. 나이를 먹을수록 그것을 조절하는 힘이 늘어간다고 하지만 어떤 사물을 보면 지금도 불시에 웃음이 터지거나 눈물을 참지 못할 때가 있다. 내 애상의 시원始原이 무엇이냐 물으면 어머니의 환자복이라고 대답하고 싶다.

어촌 마을은 일 년 내내 뜻하지 않는 사건이 불시에 일어난다. 바다로 둘러싸인 섬사람들에게 삶이란 생사뿐이다. 고기를 잡아 살아야 하므로 바다에 제 핏줄을 바친다. 태풍과 거센 파도에 배가 난파하면 동생이, 아들이, 남편이 죽는다. 여자들도 전복을 따다가 바다에 빠져 죽고 썰물에 떠내려가 죽기도 한다. 그래도 그들은 슬픔에 잠겨 있을 수 없다. 다시 바다로 나가야 한다. 그 고된 애환을 보듬어 주는 곳이 해신당이다. 그곳에는 섬사람들의 눈물과 통증이 있다.

천성 마을에도 해신당이 있다. 바위와 해송을 등지고 세워진 해신당은 비바람에 삭아 내리지만 내가 떠나올 때까지는 형체를 고스란히 지켜냈다. 그곳에서 한 해의 풍어를 기원하고 죽은 자를 위로하고 마을의 안녕을 빈다. 해신당은 마을의 기원, 소망이라는 말들의 표상이다.

  초등학교 육 학년 때 어머니가 돌아가셨다. 어머니는 바닷가 어촌 여자가 되지 못했다. 몸이 허약하여 물질할 수 없었고 늘 병에 시달렸다. 요양지에서 돌아가신 어머니를 위해 집 앞에서 노제를 지냈다. 상여에는 울긋불긋한 종이꽃이 바람에 너풀거리고 삼색휘장이 둘러쳐져 있었다. 상여를 묶은 허연 무명천이 이승과 저승의 갈림길 같았다. 고인을 모시고 극락으로 간다는 꼭두 인형이 상여 앞에 세워져 있다. 온몸에 오싹한 전율이 흘렀다. 어디선가 날아온 노란 나비 한 마리가 노제 상 위에 날개를 접고 앉았다. 나는 겁먹은 얼굴로 그 나비만 바라볼 뿐 상여를 쳐다볼 수가 없었다.

  알 수 없는 두려움으로 하관할 때에는 근처에도 못 갔다. 봉분을 다질 때도 돌아앉아 있어야만 했다. 그냥 무서웠다. 어른들은 그것이 자식과 정을 떼 내려는 고인의 마음 때문이라 하였지만, 마음 구석에는 바다 여자로서의 제 역할을 하지 못한 어머니의 한이 아닌가 여겨지기도 했다.

  부산 인근의 바닷가에는 해신당이 있다. 비가 소름 돋우는 어느 여름 그곳에 갔다. 동해를 등진 해신당 앞에는 몽돌 자갈이 깔려 있고 오색 깃발이 꽂혀 있다. 천성 마을의 해신당 주변과 너무나 비슷했다. 굿판이 벌어지던 몽돌밭, 삼색 상여 휘장

등, 끊긴 필름 같은 찰나의 사물들이 변함없이 그곳에 있었다.

  사물의 몸을 빌리지 않는 기억은 낭떠러지 같은 망각의 나락 속에 묻힌다. 잊어버리지 않으려면 더 강하게 사물의 중심으로 들어가야 한다. 오직 그 행동만이 누군가를 기억해 주는 몸짓이므로 그렇게 한다. 어머니에 대한 갖가지 감정과 인상과 풍경을 기억하고픈 탓인지 나는 종종 해신당이 있을 법한 어촌을 찾아 나서기도 한다. 그것이 내 애상의 중심이므로.

  해마다 추석이 다가오면 친정 부모님 산소로 향한다. 추석 일주일 전이 어머니 기일이기 때문이다. 절을 하고 산소 앞에 앉아 펼쳐진 들판 너머 바다를 내려다본다. 햇빛에 따끔거리는 초가을 오후. 병든 어머니가 자식을 생각하며 내려다봤던 바다에는 실낱같은 기억이 흩어지지 않도록 바람조차 조심스럽게 분다.

  사람들은 나름의 처연한 햇살과 지울 수 없는 그 어느 날에 대한 기억 하나쯤 품고 산다.

마지막 소지

 예로부터 조상들은 부정을 없애고 소원을 빌기 위해 한지를 태워 올렸다. 기원한 한지가 불타 높이 올라가면 신에게 받아들여졌다는 의미로 여겼다. 양반이든 무녀든 평민이든 가슴에 삭히던 소망을 하늘 향해 태웠다. 태움이라는 의식은 여인에게 특별났다. 한을 원으로 풀어주는 간절한 기도다.
 정월 대보름이나 이월 영등날이면 마을마다 동제를 올린다. 제관은 풍요의 축문을 읽고, 마을 사람들은 소망의 매듭을 달집에 단다. 일 년에 단 하루지만 어찌 그 염원은 하루만 타오를까.
 할머니는 영등날이면 깨끗한 옷으로 몸단장하고 머리카락 한 올 흐트러지지 않게 동백기름을 발랐다. 부뚜막에 물 한 그

릇 올려놓고 자손들의 앞날을 기원했다. 평생 거친 농사일과 집안일을 하느라 마른 나뭇가지처럼 앙상해진 두 손을 마주 비비면 '싸악 삭' 신령스러운 소리가 났다. 낮고 가녀린 비나리는 어둑한 부엌을 맴돌며 조용히 퍼져나갔다. 한지에 불을 붙여 띄워 올렸다. 할머니만의 소지였다.

파르르 타오르는 불꽃이 신기하여 문 앞에 앉아 구경했다. 몇 번 지켜본 후에는 할머니가 기원하는 내용이 무엇인지 귀에 쏙 들어왔다. 처음은 당연히 큰아들인 우리 아버지가 차지했다. 구구절절 간절함이 배인 떨린 목소리로 아들의 만사형통을 오래도록 축원했다. 다음에는 작은아들, 손자, 손녀들이 나이 순서대로 불려졌다. 그러나 할머니는 자신에 대해서는 한 번도 기원하지 않았다. 오직 집안 자손들의 건강과 성공만을 빌었다.

소지할 때면 한지가 잘 타오르기도 하지만 타다 말고 곤두박질하기도 한다. 그럴 때 할머니는 두 손바닥으로 소중히 불꽃을 받아 다시 천장으로 올려보냈다.

"할머니, 뜨겁지 않아?"

물어도 고개조차 돌리지 않았다. 할머니의 쪽찐 하얀 머리가 불꽃에 비쳐 잠시 불그스레해졌을 뿐이다. 그 모습은 제관처럼 엄숙했고 표정은 접신에 다다른 무녀처럼 비장했다.

스님은 다비를 통해 자신을 소지한다. 육신은 태워져 재로 남고 영혼은 극락으로 날아간다. 영생의 뜻이 담긴 다비이다. 나무도 해마다 소지한다. 자연의 염력을 좇아 스스로 나뭇잎을 떨구면서 나목이 되어간다. 저녁노을도 붉고, 장엄하게 하루를 태우고 어둠이라는 재를 남긴다. 이렇듯 소지는 사라짐이 아니라 다시 태어나기 위함이다. 소중한 생生이다.

조부모는 가덕도 어촌에서 살았다. 대대로 내려오는 손바닥만 한 땅에 농사를 지으며 줄줄이 딸린 팔 남매 자식들을 건사했다. 밭농사는 물론 갯가 해산물을 잡아 억척스레 아버지의 뒷바라지를 했다. 큰아들을 위한 고군분투는 집안의 명운을 걸 정도였다. 부산에 자리를 잡은 아버지가 조부모를 널찍한 집으로 모셨을 때, 할머니의 자부심은 가덕도 연대봉보다 높았다. 하지만 맨주먹으로 사업을 일으킨 아버지는 오십 중반 무렵부터 건강이 나빠졌다. 설상가상 과중한 업무 스트레스와 빈번한 술 접대의 중압감도 너무나 컸다.

할머니는 누구보다 애가 탔다. 자신의 수명을 아들에게 나누어주는 천수 굿을 했다. 어떤 어미라도 자식이 살아남는다면 무엇인들 못 떼어 주겠는가. 할머니는 절절하게 집 안팎의 모든 신들을 일일이 거명하며 아들의 쾌유를 빌었다. 그런 지극정성도 명줄 앞에서는 모든 게 소용없었다.

봄비가 장맛비처럼 세차게 내리던 날, 아버지는 환갑을 앞두고 끝내 돌아가셨다. 할머니는 하늘이 무너진 듯 절망했다. 할아버지가 세상을 떠났을 때는 눈물 한 줄기 흘리지 않던 분이 아들의 죽음 앞에서는 넋을 놓았다. 사흘 밤낮 먹지도 잠자지도 않았다. 오직 통곡뿐. 자식 앞세운 어미의 비탄과 처절한 절규는 잔혹한 진혼곡이었다. 한恨만큼 강력한 불씨가 있을까. 한탄과 탄식으로 두 눈만 소지 불처럼 붉게 충혈되어 있었다. 그리고 실성한 사람처럼 춤추듯 너울너울 두 팔로 휘저으며 가슴을 쳤다.

극한의 슬픔은 때로는 춤이 된다. 맺힌 운명과 육신의 고통에서 벗어나길 원하는 살풀이조차 춤이다. 씻김굿도 극락왕생을 위한 춤이다. 겨울 삭풍에 떨어지는 나뭇잎도 춤추며 땅으로 떨어진다. 그러고 보니 자연의 소지는 생명을 거두는 마지막 춤이다.

아버지가 돌아가시고 한 해가 지났다. 할머니는 아침마다 하늘 향해 허리 숙여 비손하기 시작했다. 지금껏 하지 않았던 자신을 위한 손바닥 소지를 시작한 것이다.

"자는 잠에 가게 해주이소…."

복사꽃이 샛바람에 소리 없이 지던 날, 할머니는 아침밥을 맛있게 잡수시고 잠시 조는 듯하더니 옆으로 쓰러졌다. 말문을 닫은 후 사흘 만에 눈 한번 뜨지도 않고 속절없이 가셨다. 할머니의 마지막 소원은 그렇게 이루어졌다.

  공들여 기원하는 일들이 모두 이루어질 수는 없다. 하지만 성취보다 더 소중한 할머니의 정성은 우리 마음속에 영원히 타오르는 소지 불꽃이 되었다. 나는 지금까지 누군가를 위해서 평생을 기도하고 기원한 적이 없다. 이제라도 할머니처럼 간절한 염원을 담아 마음의 불꽃에 태워 높이 올려보려 한다. 가을이 붉도록 단풍 소지했던 겨울나무처럼.

하얀 꽃

 꽃들은 계절마다 다양한 빛깔과 다채로운 모양새로 피어난다. 사람들은 그들의 곁에서 기쁨을 나누고 슬픔도 고백하며 이야기를 엮는 동안 가슴 아픈 전설과 낭만적인 신화를 만들어 간다. 나는 곳곳에 피어있는 하얀 꽃에 유난히 애잔한 느낌을 받는다. 안개꽃, 바람꽃이 피면 아픔에 묻혔던 기억이 그림으로 환생한다.
 아버지는 완강하게 거부하던 죽음을 서서히 받아들였다. 절박한 시간이 흐르고 한밤중에 이르자 눈빛은 흐려지고 숨이 점점 가늘어졌다. 남겨진 미혼의 자식이 눈에 밟혔지만, 끝에 다다른 운명 앞에서는 그냥 죽어가는 사람이었다. 한 집안의 당당한 대들보였던 남자는 연약한 풀잎처럼 쓰러졌다.

하얀 무명 바지저고리와 소매 넓은 누런 삼베 두루마기 수의를 입은 아버지는 종이로 만든 하얀 신을 신고 있다. 고인이 저승으로 갈 때 신겨 드리는 습신이다. 봄날 바람결에 가벼이 흩어져 가는 꽃잎처럼 이승의 못다 한 인연을 놓아 버리고 훨훨 가시라는 마지막 절차였다. 그 종이 신발이 하얀 꽃으로 내 가슴에 들어왔다.

절절하고도 외로웠다. 될 수만 있으면 아버지의 주검을 외면하고 싶었다. 도리질하며 부정하기도 했다. 알 수 없는 분노와 슬픔이 가슴을 눌렀다. 그 무게는 수도승의 침묵처럼 내 마음 깊은 곳에 가라앉아버렸다. 건져 올릴 수 없는 심연의 강으로 빠져 버린 것이다.

그때 시리고도 시린 달을 그리고 싶었다. 빙하의 가슴 같은 차가운 산과 칠흑 같은 밤하늘에 홀로 떠 있는 둥근 달을 그렸다. 사방이 야수처럼 어둡고 지옥처럼 깊을수록 호수 위의 달그림자는 희고 선명하게 다가왔다. 하얀 꽃이 물위에 떠 있는 듯했다.

비친 달그림자에 한 송이 꽃을 그렸다. 앙상하고 마른 하얀 꽃. 도를 완성한 석가모니가 눈물을 흘리기 시작하자 돌에서 피어나기 시작했다는 우담발라. 대비심에서 피어난 꽃. 그 꽃은 욕망도 명예도 고통도 모두 비워 버린 숙연한 기도다. 나의 우담발라는 달그림자 속에 홀로 피어났다.

 달그림자 속에 갇힌 꽃은 피지도 지지도 않는다. 천지가 요동쳐도 묵묵히 자신을 지킬 것 같다. 하얀 설산 위에 떠 있는 한 송이 달과 호수 위에 잠긴 우담발라를 보며 적막을 느꼈다. 물빛도 울음을 참고 있는 듯 멈추었다. 외진 강가의 텅 빈 배처럼. 인적 드문 산속 새벽안개처럼. 거기에 핀 꽃은 상실로 둘려 친 내 마음의 비애였다.

 할머니가 외출할 때면 늘 하얀 고무신을 신었다. 걸을 때마다 치마 밑에서 번갈아 코를 내밀다가 사라지고 또다시 코를 내밀곤 했다. 하얗고 작은 꽃들이 다투어 피는 것 같았다.

 병약한 며느리 대신 손녀를 따뜻하게 품어 주었지만 철없는 아이의 웃음이 가슴 아팠던 분, 평생을 큰소리 없이 선하게 사셨던 분이다. 하지만 자식 앞세우고 가슴 치며 비통해하던 순간부터 꺾인 꽃이 되었다. 시들어 가는 노을이 되고 찢긴 바람이 되어 온 산에 흩어졌다.

 어릴 적 할머니 손잡고 재 넘어 절에 따라간 적이 있다. 절집으로 갔지만 어린 나에겐 지루한 하루였다. 열려 있는 나무 문 너머로 허리 굽혀 정성스레 절하고 있는 할머니를 바라보며 빨리 끝나기만 기다렸다. 혼자 여기저기를 들여다보다 문득 문살이 특별하다는 생각이 들었다. 시골 농가의 성긴 띠 문살과는 확연하게 달랐다.

큰 사찰의 화려한 꽃 문살과 비교할 수 없지만, 수행의 기다림과 고난을 거쳐 만개한 연꽃 문양. 깨우침을 얻는 불성은 작은 절 소박한 불자의 마음에도 활짝 피었으리라.

그날 누구보다 더 정성스럽게 합장하던 할머니의 마르고 주름진 손은 꽃이 되었다. 부처 앞에 고개 숙인 은빛 머리칼은 푸른 잎이 되었고 절하는 굽은 등은 봄바람의 능선이 되었다. 엄숙한 할머니의 눈길은 대자대비와 닮아 있었다. 하얀 코고무신도 댓돌 밑에 정갈하게 놓여 있었다.

문살 무늬를 배경으로 하얀 꽃이 흩날리는 그림을 그렸다. 꽃잎 하나, 색 한 점, 줄기 한 올, 티베트 수도승의 만다라처럼 온 정신을 붓끝에 쏟아 넣었다. 기억 속의 문살은 거친 세월만큼 낡고 변색하였지만 그림 속에서는 단청으로 울 붉다. 비바람에 시든 나무 꽃잎도 환생한 연꽃처럼 다시 피어났다.

하얀 꽃이 할머니의 선한 마음이라면 문살은 해탈이고 바람은 가피다. 인간 정신의 꽃은 선이 아닌가. 하얀 꽃은 천국에서 불어오는 바람을 타고 세상 어디라도 날아다닌다. 할머니의 기원이 그림 속에서나마 이루어지기를 소원했다.

눈부신 햇살에 고개 숙이던 어느 봄날, 할머니 따라 걸으며 하얀 꽃을 떠올리던 키 작은 아이. 억수 비가 창문을 마구 두들기던 날, 아버지의 종이 신을 망연자실 바라보던 막내딸. 지는 꽃 따라 세월이 흐르고 기억도 아픔도 둔해져 갔지만 하얀 꽃만은 마음 구석진 곳에 애잔함으로 고여 있다. 빗물 고인 질그릇에 떨어진 낙엽 하나, 지나가는 구름 한 조각 담겨있듯.

절망 끝에서 되살아난 하얀 꽃 우담발라. 기억 속에서 피어난 문살 위의 하얀 꽃. 심연에서 건져 올린 마음의 꽃은 그림이라는 대지 위에 여전히 피어있다.

사모곡 四母曲

  살다 보면 적은 것보다 많은 것이 좋을 때가 있다. 물질이나 학벌, 친구가 많은 것이 세상살이가 수월하다. 적거나 없는 것이 좋을 때도 있다. 몸에 종양이 없는 것이 좋고 걱정이 없고 불만이 적다는 것은 인생살이가 편하다는 증거다.

  옅푸르던 잎사귀가 짙어가던 어느 봄날, 오랜만에 친구를 만났다. 그 친구는 중학교 일학년 때 같은 반으로 시작해 중고등학교 시절을 같이 보낸 친구다. 나도 모르는 나의 이야기를 속속들이 안다. 하긴 나도 그녀의 가족이나 학교생활을 손바닥 들여다보듯 했으니 피차 청소년 시절의 괴담은 서로 참고 있는 사이다.

  광안리 앞바다의 현수교를 바라보며 얘기를 꺼냈다.

"난 엄마 복이 없어….”

나는 어머니가 일찍 돌아가시고 중학교 때 새어머니를 만나 청소년기를 보냈다. 시집오니 시어머니가 살아 계시는데, 또 다른 시어머니 제사를 지내고 있었다. 알고 보니 남편이 대학 다닐 때 시어머니가 재혼하여 들어왔다. 어머니가 네 분이라는 소리에 친구는 눈을 동그랗게 뜨고 반문하였다.

"넌 엄마 복이 많은 거지….”

네 분이나 되니 복이 많고, 없는 것보다 훨씬 낫다고 위로한다.

맞다. 내게 영향을 주지 않았다고 말할 수 있는 사람이 아무도 없다. 나를 낳고 길러 주신 분, 사춘기 때 차갑지만 격정적인 모습을 보여준 새어머니. 얼굴을 한 번도 보지 못했지만, 여장부 같았다는 시어머니, 그리고 나와 가장 오랜 시간을 같이한 새 시어머니. 생각할수록 나를 둘러싼 어머니들의 존재가 절대 가볍지 않게 다가온다. 생모는 낳은 정으로, 계모는 기른 정으로 그들 나름 자식을 생각하되 다른 생각을 가졌을 것이다.

나를 낳아주신 어머니에 대한 기억은 늘 편찮으셨다는 것. 언젠가 짚으로 만든 인형으로 양밥을 만들고 있던 모습이 뇌리에 깊이 자리하고 있다. 병에서 벗어나기 위해 의학이든 민

간요법이든 지푸라기라도 잡는 심정으로 효험을 보려 했지만, 운명 앞에서는 옴짝달싹할 수 없었다. 어머니와 정서적 교감을 채우지 못한 나는 늘 혼자 놀기가 당연했고 나름 익숙한 환경이 되었다. 그래서인지 코로나로 인한 지금의 사회적 거리두기가 별로 어색하지 않다.

새엄마는 항상 당당했다. 재취로서 집안에서 기가 죽는 법이 없었다. 자신의 의견은 어떻게든 관철하려 했고 새로운 가전제품에 대해 호기심과 지적 욕구가 강했다. 덕분에 최신 오디오와 유행하는 음악이 수록된 레코드가 많아 여러 장르의 음악을 들을 수 있었다.

친구의 기억에 의하면 내 생일날 우리 집에 놀러 갔더니 새엄마가 케이크를 만들어 주었다 한다. 빵 가게가 흔하지 않던 시절, 그 친구는 난생처음 케이크라는 것을 먹어 보았다며 추억했다. 그런데 정작 나는 생일날 기억이 가물가물하다. 잘해 주었던 일은 기억에 남아 있지 않고 섭섭했던 일이 마음의 앙금으로 오래 남아 있다. 전처 자식과 계모라는 살얼음 같은 인연은 아버지의 사망으로 끝나버렸다.

제삿날에만 기억하는 시어머니는 여장부 소리를 들을 정도로 생활력이 강했다. 외항선을 타며 오랜 시간 바다에 떠 있어야 하는 남편 대신 가족을 이끌고 집 안팎의 온갖 일을 도

맡아 하였다. 자연히 목소리가 높아지고 강하지 않으면 안 되었을 것이다. 시어머니는 삼남 일녀의 자식을 두고 암으로 세상을 떠났다.

 새 시어머니는 성장한 전처 자식들에게 특별히 기대하는 것 같지 않았다. 바라는 것이 없으니 서로에 대한 애착이나 섭섭함도 적었다. 남동생의 초청으로 캐나다, 미국을 여행할 기회가 왔을 때 아이들이 어려 망설여졌는데 선뜻 맡아 주겠다며 손을 내밀어 주었다. 덕분에 친정 언니들과 평생 잊을 수 없는 여행을 다녀왔다.

 매년 아이들 방학 때는 시부모의 어장 관사가 있는 바닷가로 갔다. 형님네와 시누이 가족 등 많은 식솔이 한여름마다 갔지만 싫은 내색 없이 받아 주던 시어머니를 보며 품이 넉넉한 분이구나 생각했다.

 다른 사람보다 많은 어머니가 늘 불만이었지만 돌이켜 보니 나의 큰 복이었다. 친정의 두 분은 홀로서기와 남다른 자아를 내게 심어 주었다. 시댁의 두 분은 강인함과 아량을 가르쳐 주었다. 네 분 모두 여인으로서 아내로서 어미로서 고초와 애환은 있었을 것이다. 덕분에 안정감을 느끼지 못했지만 다채로운 경험을 해 볼 수 있었다.

 진하고 애틋한 정은 없었지만 다양한 인품을 보여주었던 네 분. 살다 보면 누구와도 작은 다툼이나 생각이 달라 서운한 적도 더러 있기 마련이다. 그분들의 모습에서 내 인생의 정체성을 정립하는 데 많은 도움이 되었다.

네 분을 추억하며 어머니 세대의 일생을 들여다본다. 지금 우리 세대가 겪는 정서적 갈등과 무엇이 달라졌는지 돌아보면 딱히 많이 변했다는 생각이 들지 않는다. 여자라는 이유로 문화의 주역이 될 수 없었고, 경제의 중심에 설 수 없었던 우리의 어머니들. 여자의 헌신을 모성애라는 이름으로 포장하여 묵인하는 게 당연시되지 않았는지 돌아보아야 한다. 그런 의미에서 어머니의 또 다른 이름은 희생이 아닐까.

다음 세대의 어머니는 새 시대에 걸맞은 새로운 이름이 되기를 희망한다. 희생을 강요할 수 없고 해서도 안 된다. 빠르게 변하는 새로운 가족 형태 속의 어머니는 물리적이 아닌 정신적, 정서적 모정을 지향해야 할 것이다. 과거로부터 물려받은 가족 문화는 이제 흘려보내야 한다. 우리 세대가 강물의 변곡점이 될 수 있도록 해야 한다.

관습과 희생으로 시대를 건너온 네 분 어머니를 위해 마음으로 극락왕생을 빈다.

기둥과 초석

 소백산 줄기는 욱욱청청 우거진 산으로 풍성하다. 깊은 산에 자리한 유서 깊은 사찰은 이미 자연의 일부가 되어 있다. 뒹구는 돌 하나에는 묵은 나무만큼 천년 빛이 어려 있고 산에서 내려온 바람에도 세월의 화석이 묻어있다. 유려한 처마는 곡선을 그리고, 불심 담은 석등은 너그러이 나그네를 맞는다.
 의상대사가 창건했다는 부석사는 많은 국보급 유물을 보유하고 있다. 그중에서도 무량수전은 건축학적으로 많은 칭송을 받는다. 원형으로 가공한 화강석을 초석으로 사용하였고 그 위에 배흘림이 뚜렷한 원기둥을 세웠다. 중간 정도에서 지름이 넓고 위와 아래로 갈수록 점점 줄여 곡선의 체감을 갖는 이런 기둥은 궁궐이나 큰 사찰 같은 건물에 주로 쓰인다.

기둥은 공간을 구성하고 건축물의 높이와 크기를 형성하는 기본 뼈대이다. 기둥이 세워져야 대들보가 얹히고 지붕이 올라간다. 배흘림기둥에는 맞배지붕이나 팔작지붕이 얹혀야 아름답고 위용 있는 건축물로서 제 역할을 할 수 있다. 기와집과 초가집도 기둥 크기와 모양이 그 집의 위상과 빈부를 결정하기도 한다.

기둥이 있다면 주춧돌이 빠질 수가 없다. 주초는 건물 하중을 지반에 전달하고 나무 기둥의 밑뿌리를 습기로부터 보호하여 준다. 돌과 나무는 성격과 쓰임새가 달라 어울리지 않을 것 같지만 전통 건축에서는 궁합이 잘 맞다. 전각의 둥근 기둥뿐 아니라 양반집 사각기둥도 넓고 견고한 화강암 위에 자리할 때 더욱 굳건해진다.

기둥이 자기의 모습을 굳건히 세울 때 주춧돌은 말없이 받쳐주는 옹골참이 있다. 기둥의 아름다움이 세상에 회자될 때 묵묵히 받치는 임무를 한다. 튀지 않는 조연처럼 목소리를 내놓지 않는다. 초석이 없으면 기둥도 없다는 것을.

연꽃 문양으로 잘 다듬은 전각의 주춧돌도, 잡석으로 다듬지 않은 시골 농가의 덤벙 주초도 각자 역할을 충실히 한다는 점에는 차이가 없다.

화마나 전쟁의 소용돌이에서도 살아남는 것이 주춧돌이다.

나무로 만든 기둥과 지붕은 전란이나 자연 발화로 불타 없어져도 형태가 보존된 주춧돌은 오늘날까지 건축물이 어떠했는가를 후대에 알려준다. 몽골군의 침입으로 소실된 경주 황룡사지의 주춧돌로 절터 규모를 짐작할 수 있는 게 좋은 예다.

어촌 가난한 집안의 맏이인 아버지는 일본 강점기 시절, 공부하러 일본으로 떠났다. 어렵게 집에서 마련한 돈은 학비로도 모자랐다. 우유 배달과 신문 배달로 힘들게 공부한 아버지의 고생도 고생이지만, 조부모님과 형제들의 희생도 못지않았다. 특히 딸들의 희생이 컸다. 아버지 바로 아래 여동생인 큰고모는 유학을 떠난 오빠와 달리 초등학교도 못 나왔다. 할머니가 줄줄이 딸린 동생들 돌보아야 한다며 학교를 보내주지 않았기 때문이다.

농사와 물질을 하며 맏아들 뒷바라지하는 어머니 대신 동생을 업고 돌보는 여덟 살 여자아이 고모를 생각하니 지금도 마음이 아려온다. 시대의 불운과 서열을 잘못 태어난 탓이다. 아들이었더라면 학교에 보내지 않았을까. 큰고모야말로 조부모님 못지않은 집안의 주춧돌이라고 말하고 싶다. 주변 사람의 희생이 있었기에 아버지는 집안의 버팀목이 될 수 있었.

아버지는 제지공장을 시작하였다. 제일 먼저 채용한 사람이 첫째 여동생 남편이었다. 큰고모는 처음으로 시골을 벗어나 도시로 왔다. 그다음 사촌들을 부르고 처가 형제들도 차례차례 직원으로 채용했다. 공장 근처에 친척들이 모여 살기 시작했다. 직원들 대부분이 일가친척이고 사돈지간이었다.

경제가 활발해지고 종이 포장재 사업이 뜨기 시작하면서 친척들은 하나둘씩 독립했다. 나름대로 기반을 잡고 뿌리를 내려 안착했다. 아버지는 집안의 기둥 역할을 성공적으로 해 낸 것이다.

사람들의 시선을 받지는 못하지만 제 한 몸 희생하며 기둥을 떠받치고 있는 것이 주춧돌이다. 초석이라 부른다. 집안마다 나라마다 초석이 있다. 동량지재 급의 인재들이 기둥으로서 묵묵히 제자리를 지킨다면, 궂은일 힘든 일도 마다하지 않는 지역 소시민은 초석이다. 두 역할이 잘 어우러질 때 사회와 국가는 겹처마 팔작지붕을 얹고 발전하기 시작한다.

멋진 전각이라 할지라도 따뜻한 숨이 고여야 한다. 낡은 오막살이집도 단단한 초석이 있어야 바위처럼 버틴다. 고대광실이라도 사상누각이면 이내 황량하고 음산한 폐가가 되어 버린다. 기둥과 초석이 어울리는 것이 역할 때문이기도 하지만 보이지 않게 주고받는 온기가 있다고 믿는다. 온기는 주춧돌과 기둥 간의 존중과 배려로 이루어진다. 가장과 형제와 자녀가 서로를 이해할 때 비로소 한 집안이 제대로 일어설 수 있다.

　아버지는 어렵게 자수성가하여 주변 친척들이 기댈 수 있는 기둥이 되어 주었다. 그만큼 가족과 오붓한 시간은 멀어졌고 말년에는 건강을 잃었지만 제 한 몸으로, 집안 장남으로서 해야 할 도리에 충실했다. 고난의 시절을 힘들게 달려오신 아버지가 새삼 존경스럽다.

　해거름에 붉게 물든 노송이 말없이 산기슭을 내려다보고 있다. 소멸과 적멸의 시간에 사방이 고요하다. 부석사 범종 소리 나지막이 퍼지고 배흘림기둥 밑 초석의 침묵은 기다림으로 피어난다.

갯내

바닷가에 서면 온몸으로 익숙한 냄새를 느낀다. 해초에 실린 짭조름한 내음을 맡을 때마다 어릴 적 자주 가던 시골 할머니 집이 떠오른다. 내 고향 보수동보다 더 정겨운 가덕도는 아버지, 할아버지, 그리고 그 윗대가 지켜온 우리의 터전이었다. 어릴 적부터 후각에 익숙해졌고 오랜 세월이 흐른 지금도 해변을 지날 때면 누구보다 먼저 갯내를 맡는다.

예닐곱 살 적부터 나와 동갑인 사촌과 가덕도 천성 마을에서 많은 시간을 보냈다. 사촌은 동생들이 많다는 이유로 거의 같은 시기에 할머니에게 보내졌다. 할머니는 어린 두 손녀를 아꼈고 시집 안 간 막내 고모도 조카의 양육에 힘을 보탰다. 가족과 떨어져 있어도 심심하다는 생각이 없었다. 사촌과 형제처럼 어울렸고 낮에는 동네 아이들과 어울려 놀고 밤에는 고모와 동네 처녀들이 추렴한 간식을 얻어먹는 재미도 쏠쏠했다. 아침부터 저녁 늦게까지 노는 사이 일 년의 세월이 흘렀다.

  일곱 살 때쯤, 봄이었다. 어느 날 동네 또래 아이들이 한순간에 없어졌다. 모두 학교에 입학한 것이다. 며칠 보내고 있으니 부산에서 책가방이 인편으로 부쳐 왔다. 할아버지는 면장에게 부탁해서 우리를 학적에도 없는 천성초등학교 일학년이 되게 했다. 또래보다 키는 작았지만, 교실 맨 뒤 책상에 앉아 공부했다.

  오래된 작은 시골 초등학교였다. 교문 입구에 아름드리나무가 있고 운동장 한구석에는 나무 그네도 있었다. 아버지와 삼촌과 고모들이 다녔던 집안 학교다. 처음에는 교실 풍경이 신기하고 아이들과 줄지어 서 있는 것도 재미있었다. 차츰 시간이 지나자 오래 앉아 있어야 하는 것이 힘들었고 집에서 학교까지 몽돌밭을 한참 걸어야 하는 등하굣길은 더욱 힘들었다. 키가 작고 왜소한 체격의 일곱 살 아이에게는 분명 버거운 일이었다.

  꾀가 나기 시작했다. 아침밥을 먹을 때마다 고모와 실랑이했다. 밥을 잔뜩 입에 물고 우물거렸다. 고모는 내 얼굴을 들여다보며 재촉했고 사촌은 내 가방까지 챙겨 들고 기다렸다.

나보다 팔 개월 빨리 태어난 사촌은 행동이 빨랐고 참을성도 많았다. 사립문 앞에 서서 빨리 학교에 가자며 발을 동동 굴렀다.

보다 못한 고모는 나를 업고 학교로 갔다. 옆에는 사촌이 작은 몸으로 재빠르게 걸었다. 등에 업혀 사촌을 내려다보니 머리꼭지에 짧은 머리카락이 바닷바람에 날려 하늘을 향해 마주섰다. 발밑에서는 두 사람이 밟는 몽돌 소리가 파도 소리와 어울려 코러스로 들렸다. 바다에서는 짭조름한 갯내가 밀려왔다.

봄 소풍을 갔다. 큰 바위 밑에는 촉촉하고 잔잔한 모래밭이 있고 주변으로 얕은 시냇물이 흐르는 곳이었다. 넓은 잎을 가진 나무는 머리 위로 그늘을 만들었다. 나뭇잎 사이를 뚫고 비치는 연초록빛 햇살은 보드랍고 아늑했다. 손바닥을 펴서 그 빛을 살포시 얹어 보았다. 초롱초롱한 색이 어느새 손끝에서 빛 방울로 아롱거렸다. 어디선가 풀 향이 실바람에 얹혀 내 몸을 은은하게 감쌌다. 그때도 짭조름한 바다 냄새가 빠지지 않았다.

할아버지는 밭일을 마치고 오면 두 손녀를 위해 마당에 놓인 양철 화덕의 뜨거운 재무지 속에 고구마를 넣어 구웠다. 사촌과 머리를 맞대고 검 부잿빛 불을 들여다보며 한참 기다렸다.

잦아드는 잿빛 연기와 고구마 껍질에서 나는 탄 냄새가 두 아이의 치마폭에 배었다. 산 그림자 짙어질 때 피어오르는 초가집 굴뚝의 밥 연기만큼 오래 기억하는 냄새이다.

찬바람이 불고 아침 서리가 내리면 바닷가 동네는 이내 살얼음이 얼었다. 할머니는 마른 솔잎을 한 움큼 아궁이에 쏟아 넣어 불을 붙이고 그 위에 오래 쟁여 놓았던 마른 장작을 조심스럽게 올리면 금세 붉게 붙기 시작한다. 바람에 날린 불꽃이 구들장 밑으로 빨려 들어간다. 부뚜막의 가마솥은 열기로 꺼먼 입을 헐떡이고 방바닥에서는 불에 익는 누긋한 흙냄새가 났다. 아랫목은 자글자글 끓고 요는 가끔 누렇게 탔다. 해가 바뀔 때쯤 할아버지, 할머니를 떠나 부산으로 왔다. 이듬해 봄, 사촌과 나는 정식으로 일학년에 입학했다. 두 번째 일학년이 시작되었다.

그 후 반백 년이 훌쩍 지난 어느 여름, 그 학교를 방문했다. 거가대교를 지나던 중 일부러 천성 마을로 내려온 것이다. 가슴이 두근거렸다. 기억을 더듬어 찾아간 학교는 폐교가 되고 문화 시설로 바뀌었다. 끝없이 넓게 보였던 운동장은 한눈에 들어올 만큼 작고 아담했다. 일학년 교실이 있던 곳은 전시 공간이 되어 있었다. 지난 세월을 곱씹고 있는 아름드리나무만이 노구를 지탱한 채 옛 추억을 지켜 주고 있었다.

어릴 적 놀던 갯가의 은빛 몽돌은 개발이라는 이름으로 점점 자취를 감추고 있다. 그림 같은 옛 마을은 반 도시화가 빠르게 되어가고 원주민과 귀촌 주민들이 어울려 살고 있었다. 세월이 가면 어린아이는 젊은이가 되고 젊은이는 노인이 된다. 오십여 년의 세월은 한 소녀를 초로의 여인으로 만들었다. 다행스럽게 어린 시절 나를 감쌌던 갯내는 그대로다. 해초 향 가득한 바다와 봄풀 향기, 재무지 속의 고구마, 흙집의 냄새는 기억 속에 고스란히 남아 언제나 그곳을 그립게 한다.
　서쪽 노을에서 해풍이 느릿하게 분다. 바람에 실려 온 내음이 마을을 둘러싸고 있고 그 짭조름한 갯내가 내 마음을 둘러쌌다.
　아 바다 냄새…. 나의 어린 시절 냄새다.

3부
작살금

오래된 벗

작살금

명진약국 사모님

마늘

버릴 수 있는 용기

쉼표의 계절

오래된 벗

오래된 벗이 있다. 그 존재는 생각만 해도 든든하다. 때와 장소를 가리지 않고 언제나 나의 부름에 화답한다. 말이 없고 까다롭지도 않다. 내가 원하면 언제든 어디든 동행해 준다. 은밀한 사연도 결코 누설하는 법이 없다. 함께 떠난 여행도 헤아릴 수 없을 정도다. 그가 없다는 상상만으로도 식은땀이 나고 소스라친다.

그는 나의 발이다. 발등에 살이 없고 말라서 빈약해 보이지만 무거운 하중을 마다치 않고 잘 견뎌준다. 학창 시절에 화구를 들고 그림 그리러 다닐 때 구겨진 운동화를 주어도 까탈 한 번 부리지 않았다. 묵직한 등산화 신고 이박 삼일 동안 했던 지리산 종주도 의연히 받아들였다. 그때는 발이 아니고 불타는 전차의 바퀴였다. 혹사당해도 나를 굳건히 지켜냈다.

제2의 심장이라 불리는 발은 온몸을 지탱해 주는 주춧돌이다. 늘 양말이나 신발에 가려져 눈에 보이지 않다 보니 소홀하기 쉽고 다른 신체보다 덜 민감한 탓에 문제가 생겨도 방치되기 일쑤다. 걷는 자세가 이상해지고 다른 관절이나 뼈에 영향이 와야 비로소 관심을 받는다.

발은 몸을 지탱할 뿐만 아니라 보행이라는 중요한 역할도 담당한다. 인류의 조상은 직립보행을 함으로써 두 손이 자유로워져 도구와 불을 사용할 수 있었고 더 많은 능력을 발전시킬 수 있었다. 걸어 다니는 인간이 되면서 다른 환경에 대한 탐구와 적응도 생겨났다. 문명의 기초를 세우고 인류 발달사의 분기점을 만든 것도 발이다. 대륙 간의 이동을 통해 다양한 환경을 만나고 다채로운 문화를 창조하면서 역사의 물줄기를 이루는 역할을 충실히 했다.

발은 인어 공주가 그렇게도 가지고 싶어 하는 인체의 한 부분이다. 걸을 수 있는 발을 얻기 위해 미련 없이 목소리를 버렸다. 맨발의 무희 이사도라 던컨은 그 시대의 이단아였지만 현대 무용의 창시자가 되었다. 과감하게 토슈즈를 벗은 적나라한 발은 인체의 어떤 부분보다 더 자극적이며 솔직한 예술 작품이다. 우리 민요에 "나를 버리고 가시는 임은 십 리도 못 가서 발병 난다."라는 가사가 있다. 야속한 임이 발을 다쳐 빨리 돌아오기를 바라는 마음을 해학적으로 풀어냈다.

발의 불행한 역사가 있다. 중국에서는 여자아이에게 4세 무렵부터 천이나 가죽으로 발을 압박하여 일부러 작게 만들었다. 발이 작아야 미인이라는 속설 때문에 고문과 같은 전족이 유행했다. 족쇄는 이동하지 못하도록 발에 사슬을 묶어 놓는 형구다. 발을 묶어 걷거나 달리지 못하게 하는 것은 신체와 마음의 자유를 통제하는 것과 같다.

환대 받는 때도 있기는 하다. 아기가 첫 걸음마를 하면 가족이 환호성을 울린다. 성년이 되어 사회에 첫발을 내디딜 때 주변 친지나 지인들로부터 격려와 용기를 받는다. 달 착륙의 첫 발자국에 온 세계가 흥분하기도 했다. 발을 이용한 스포츠로 축구팬을 흥분시켰던 월드컵 경기 때 우리나라의 거리마다 붉은 옷이 넘쳐났고 악마가 되는 것을 즐거이 받아들였다. 이십 년 가까운 세월이 흘러도 그날 뜨거웠던 감흥을 아직도 잊지 못하고 있다.

발은 중요한 신체 일부이건만 평소에는 소홀히 한다. 성형을 위해 얼굴이나 몸에 칼을 댈 때 몇 날 며칠을 고민하지만, 발에는 별생각 없이 목욕탕에 앉아 퉁퉁 불은 발뒤꿈치를 쓱쓱 문질러 갈아 낸다. 아프기보다는 시원하다는 표정이다. 비싼 돈 들인 얼굴은 가끔 부작용이 있다며 호들갑을 떨지만 발은 불평도 없고 뒤끝도 없다. 그나마 요즈음에는 페디큐어를 해서 발가락이 드러나는 여름철에 잠시 호강을 누리기도 한다.

샤워할 때도 발은 가장 마지막으로 씻는다. 몸은 정성 들여 꼼꼼히 문지르지만 발은 줄줄 흘러내린 거품으로 비비적거리며 끝낸다. 얼굴에는 비싼 화장품이 당연한 듯 바르나, 발에는 싼 크림이나 쓰다 남은 화장품을 바른다. 종일 신체의 많은 기능을 뒷받침해 주고도 하는 것만큼 대접은 못 받는다.

우리 사회에도 제대로 대접받지 못하는 직업인이 많다. 쓰레기를 수거하시는 분들이나 요긴한 물건을 제때 배달해 주는 택배 노동자들, 회피 업종을 묵묵히 감당하는 이들이 없으면 당장 우리가 불편해진다. 인체의 발처럼 어렵고 힘든 일을 하면서도 제 자리를 지키는 그들이야말로 사회의 중요한 구성원이다. 성숙한 사회일수록 그들의 노고에 따뜻한 격려와 배려를 베풀어야 한다. 그래야 공동체가 건강하게 발전해 나갈 수 있다.

괴나리봇짐 지고 꽃잎 따라 달빛 따라 끝없이 걸었던 발은 이제 자동차 페달을 밟으며 전국을 돌고 돈다. 선대들의 발과 달리 고달프지 않다. 우리 민족이 발 뻗고 편안히 지내던 세월이 불과 얼마 전이 아니었던가. 가난과 전쟁으로 힘겨운 시절을 이겨낸 발은 맨발로 일어선 극기의 상징이 되었다. 요즈음은 오히려 건강을 위해 하루 만 보를 걷는 사람이 늘어나고 있다. 건강의 첫걸음은 역시 발에서 시작되나 보다.

인간이 신에게 수그리듯 사람들은 발을 볼 때 고개를 숙인다. 얼굴이나 다른 인체 기관에 비해 환대를 못 받지만, 그 무엇보다 발이 지닌 자부심은 강하다. 이런 발을 보려면 머리를 숙이고 경의부터 표하라는 조물주의 섭리가 아닌가 한다. 예수는 몸을 굽히고 머리를 숙여 제자들의 발을 씻어 주었다. 아랫사람에게 몸을 낮출 때 비로소 진정한 겸손과 섬김의 시작이 된다는 사실을 보여 주는 것이다.

벗은 언제나 푸근하고 넉넉하고 좋다. 발 또한 다르지 않다. 오래 동행하고 있지만 웬만한 일에는 까탈이 없다. 그러나 결정적인 순간이 오면 쓴소리도 마다하지 않는다. 벗의 충고는 인생을 다시 돌아보게 하고 발의 경고는 건강을 다시 생각하게 한다.

지금도 발은 힘든 인생길을 말없이 한 걸음 한 걸음 내디딘다. 화려한 자태를 꿈꾸지 않고 햇빛은 못 받아도 불평하지 않는다. 오래 함께해 왔으며 앞으로도 동행할 발은 언제나 믿음직한 나의 벗이다.

작살금

 누구에게나 평생 잊지 못하는 장소가 가슴속에 숨어있다. 그곳은 아름답거나 부유한 것과 관계가 멀다. 오히려 멀어서 찾아가기 힘든 곳일수록, 무너져 내리는 곳일수록 특별한 의미가 있다. 세월이 흐를수록 그곳은 쇠락해 가지만 상실에 따른 그리움은 배가 된다.

 한려수도에 자리한 사량도는 위 섬과 아래 섬 사이의 해협을 일컫던 말에서 유래한다. 두 섬 중 칠현산을 품고 있는 아래 섬에는 산줄기에서 이어진 하곡마다 촌락들이 형성되어 있다. 그중 물빛 몽돌 마당과 갯바위를 끼고 있는 작살금은 자갈이 많이 깔린 해안이라 하여 붙여진 이름이며 작살기미라고 부르기도 한다.

시부모님은 그곳에서 굴과 피조개 어장을 관리하며 살고 있었다. 청정지역으로 소문난 곳답게 종패를 뿌려 이삼 년의 시기가 지나면 수확이 꽤 풍성했다. 상품 가치가 높아 도적이 심심찮게 들어오므로 밤에는 배 위에서 숙식하며 지켜야 했다. 이런 작살금은 자식에게 이어지기를 바라는 영지로 여겼을지도 모른다. 그만큼 오랜 세월 동안 터를 일군 어장은 시아버지에게 생명 같은 성역이었다.

해마다 여름이면 형님네와 시누이 가족과 함께 사량도에 갔다. 통영까지 배를 몰고 마중 나온 시아버지의 검게 탄 얼굴에는 입꼬리가 올라가고 시선은 훌쩍 자란 손자들을 연신 좇고 있었다. 거친 바다에 사는 당신에게 자식과 손자들의 방문은 만선보다 더 큰 선물이었으리라.

아이들은 뱃머리에 부딪히는 하얀 물거품을 내려다보며 바다가 베풀 축제로 한껏 부풀었다. 작살금 앞바다를 내려다보는 집 옆으로는 실개천이 흐르고 몽돌밭 아래 흙을 파내면 어디서든 맑은 샘이 솟았다. 파도는 돌 틈 사이로 끝없이 파고들었고 갯가 생명들은 바위를 단단히 부둥켜안고 몸피를 키우고 있었다. 맑고 너른 바다 마당은 아이들의 천연 놀이터였다.

시아버지는 평소처럼 어장을 관리하랴, 작살금을 지키랴 밤낮 바빴지만 개의하지 않았다. 혈육과 함께하는 단 일주일을 위해 일 년이 존재하는 것처럼 느꼈을 것이다. 손자들의 극성스러운 호기심과 놀이를 고스란히 받아들였다. 썰물 때가 되면 개펄 아래 바지락이 있을 법한 장소를 알려주고 통발로 문어를 잡는 것도 가르쳐 주었다. 두세 살 차이의 고만고만한 손자들은 뜨거운 태양 아래서, 등이 벗겨지도록 물놀이했다. 작살금에는 숙제도 없고 공부하라는 재촉도 없었다. 밤이면 파도 소리를 자장가 삼아 꿀잠을 잤다. 도시 아이들은 어느새 새까만 섬 아이가 되었다. 작살금은 그런 곳이었다.

헤밍웨이가 쓴 〈노인과 바다〉가 생각난다. 산티아고 노인이 85일 만에 청새치를 잡은 이야기라고 하지만 마을 소년과 어부와의 따뜻한 우정을 다룬 줄거리도 빠뜨릴 수 없다. 노인은 소년의 믿음이 있어 지치지 않고 바다로 나갈 수 있고 소년은 인내와 꿈을 가르쳐 주는 노인을 통해 인생을 배워간다. 소년에게 산티아고 노인은 마을의 노 어부이면서 삶의 중심에 무엇이 있어야 하는가를 알려주는 멘토다. 작살금 어부와 새까만 섬 아이도 마찬가지라 할 수 있다.

어느 해 여름, 강력한 태풍이 작살금을 덮쳤다. 애써 키운 굴이 모두 떠내려가 버렸고 배는 가라앉고 집마저 반파되었다. 손해도 손해지만 극도로 상심한 시아버지는 그만 기력을 잃어버리고 말았다. 복구는 엄두도 못 내는 터라 몇 달을 시름시름하더니 쓰러졌다. 연락받고 달려온 구급선이 병원에 도착하기도 전에 돌아가시고 말았다.

그분에게 작살금 앞바다는 무엇일까. 단순히 돈을 벌고 생계를 유지하는 어장이 아니다. 여름이면 찾아오는 자식 손자들에게 번듯이 보여 주고 싶은 자부심이고 아이들이 즐겁게 놀면서 자연의 아름다움과 삶의 고됨을 스스로 알게 해 주는 인생 교실이다. 그곳을 지키고 관리하는 집사로서 그 일을 할 수 없다는 것은 삶의 희망을 잃은 것과 다름이 없었을 것이다.

주인 떠난 어장은 몇 해를 못 버텼다. 집터는 해가 다르게 폐허가 되었고 사람 손길을 제대로 못 받은 텃밭 채소들은 오갈이 들고 바짝 마른 나무처럼 뻣뻣해져 갔다. 사방으로 세력을 넓힌 잡초들만 주인 행세를 했다.

어떤 집이든 그곳에 살던 사람들이 떠나면 퇴락해진다. 노인의 빈 가슴처럼 쇠락한다. 인간의 의지와 상관없이 허물어져 가는 것은 슬프지만 인정할 수밖에 없는 엄연한 현실이다. 무엇보다 한 사람의 부재로 인하여 사라진 것만큼 슬픈 기억도 없다. 집에 사람 온기가 있어야 한다는 게 그 말이 아닌가.

작살금 바다에도 세월이 부단히 흘렀다. 그때의 까만 바다 아이가 이제 성실한 직장인이 되었다. 아들은 여름이면 매번 홍역을 앓듯이 혼자 작살금으로 떠난다. 할아버지가 살았던 작은 집이 제대로 남아 있지 않음을 뻔히 알면서도 그곳으로 끌리듯 간다.

　뱃전에 부딪히는 파도, 멀리서 다가오는 은빛 너울의 어장, 갯바위, 문어, 부드러운 몽돌밭. 무엇보다 검붉은 얼굴에 미소 짓던 할아버지의 모습이 되살아난다. 머무는 시간이 오래될수록 아들은 점점 어려져 노인과 소년만 남는다. 이십여 년 전의 환영일 것이다. 그마저 파도가 밀려오면 일순간에 사라진다. 그 회상과 소멸이 지날 때마다 한해, 또 한해가 지나간다.

　작살금을 다녀온 아들이 사진을 보내 주었다. 무성한 덤불 사이로 집이 힘겹게 서 있고 대나무가 집터를 잠식하여 겨우 명맥을 유지하고 있었다. 옆 동네로 이어지던 오솔길은 흔적을 찾아볼 수가 없었다. 세월의 잡초 더미에 묻힌 작살금이 허무하게 쓰러진 시아버지의 앙상한 등 같아 명치끝으로 울컥한 감정이 북받쳐 올라왔다. 시아버지의 삶터였고 여름이면 가족의 휴식처였던 곳이 사라지고 있었다. 하지만 아들에겐 결코 사라질 수 없다. 다시는 돌아오지 않는 순수의 시절을 되살려 주는 유일한 처소인 게다.

　사춘기 굴레에 갇히고 진학과 취업의 덫을 통과하면서도 아들의 감성은 메마르지 않았다. 작살금이 베푼 잔영, 추억, 기억, 회상의 물기가 아들의 몸에 남아 있다는 게 신기하면서 다행이라는 생각을 종종 한다. 분명히 할아버지의 낮고 조심스러운 목소리가 바위를 때리는 파도 소리보다 더 크게 들릴 것이다. 어쩌면 아들은 마음 한구석이 휑하니 빈다는 생각이 들거나 뭔가 잃어 간다고 여길 때면 자신을 보호하듯 작살금을 찾아가는지도 모른다.

사람은 누구나 자기 몸과 마음을 키운 곳을 붙들려고 한다. 여우도 죽을 때는 머리를 고향으로 돌린다고 하듯. 작살금 여름 속으로 혼자 떠난 아들의 가슴에는 할아버지와 함께했던 어린아이가 숨어있을 것이다.

돌아온 아들은 외딴집이 어떻게 변하였다든가 그곳에 섰을 때의 기분이 어떻다는 말을 한 번도 한 적이 없다. 폐허가 되어버린 그곳을 침묵으로 마주했을 테니 표현도 침묵의 몸짓밖에 더 있는가. 분명한 건 작살금은 세월에 묻히더라도 마음의 한 공간에는 변함없이 남아 있다는 사실이다.

사람들에게는 작살금 같은 이야기가 하나씩 숨겨져 있다. 구체적인 장소가 그리움, 아쉬움 같은 추상개념이 되면 신열이 된다. 사람들은 사라진 곳에 대해 애틋함으로 그때 그곳을 찾는 게 아니다. 추억의 줄기를 엮어 주던 누군가가 있기 때문이다. 아들에게는 찰랑이던 파도, 쏟아지던 햇발, 따개비가 붙어 있던 갯바위. 그 모든 것을 수호신처럼 보호하던 분이 있었다. 자갈마당에서 뛰놀던 손자들을 내려다보며 굵은 주름으로 웃던 할아버지가 또 다른 바다 노인이 된 것이다.

　사람의 가슴에 품은 그곳은 단순한 장소가 아니다. 그곳은 상실의 아픔을 성숙의 회상으로 채색해가는 푸른 화폭이다. 아들의 마음속에 작살금과 노 어부가 있어 어떤 시련이 닥쳐와도 이겨낼 것이다. 그 추억만으로도 노인과 소년은 세월을 뛰어넘어 작살금을 지켜 낸다.

명진약국 사모님

 찬 기운이 남아 있던 어느 해 봄날. 아들이 직접 경영할 약국을 찾다가 동구 좌천동에 있는 자그마한 약국을 인수하였다. 복잡한 행정 절차를 거치며 급하게 개업하느라 직원 없이 시작했다. 마침 내가 하던 일을 내려놓을 즈음이었다. 당분간 여러 잡무를 맡아 처리해 주고 정식 직원이 채용되면 인계해 주기로 했다.

 그곳은 도심 한복판이지만 고가도로와 철길로 가로막혀 도시 속의 섬 같은 곳이다. 오래된 슬래브집, 기울어진 함석집, 작은 규모의 연립 주택이 골목에 잇대어 있었다. 주민들도 나이가 많은 어르신이 대부분이었다. 한때는 유동 인구와 상주 인구가 많아 약국이 서너 개나 있었으나 의약분업과 급격한 인구감소로 병원 한 곳과 약국 한 곳만 남게 되었다.

게다가 마을이 재개발 지역으로 지정되면서 젊은층들은 대부분 떠났고 노쇠한 부모 세대만 남아 있었다. 어르신들은 갖가지 병에 약하다. 말도 행동도 느리다. 그런 분들을 상대하기에는 손자 또래의 젊은 직원은 정서적으로 잘 맞지 않을 것 같았다. 차라리 내가 계속 도와주는 게 어떻겠냐고 제안했고 아들도 흔쾌히 허락했다.

덕분에 '약국 보조'라는 새 직업을 가지면서 모자지간은 노사 관계로 바뀌었다. 자잘하게 할 일이 많았다. 전날 주문한 약들이 아침에 배달되면 약의 내용과 개수를 일일이 확인하고 조제약과 일반 약을 구분해서 정리하고 진열한다. 사람들의 방문이 뜸해지는 저녁 시간이 되면 각종 약제 기구를 씻고 실내를 청소하면 일과가 끝난다. 보조였으나 일감은 약사보다 더 많았다.

약사가 바뀌니 할머니들의 관심이 대단했다. 그전의 나이 많은 약사와 달리 손자 또래의 젊은 약사가 왔으니 더욱 궁금해했다. 옆에서 일을 돕는 나까지도 호기심의 대상이 되었다. 별일이 없는 동네에서 아들은 며칠 동안 할머니들에게 신나는 화젯거리가 되었다. 동네 사랑방이 된 약국에 모여 앉아 호구조사를 했다.

"약사님 몇 살이시오? 장가는 갔소?"

개인적인 질문들을 거침없이 쏟아 냈다. 잘 말씀드리고 나면 다음날 다른 할머니가 똑같이 물었다. 다음날이면 또 다른 할머니가 와서 같은 내용을 물었다. 아들과 나는 그곳에 뿌리내리기 위한 통과의례라 생각하고 웃으며 응대했다. 그리고 나에게 붙여진 이름은 '약국 사모님'이었다. 약국 보조보다는 그럴듯했다.

좌천동은 수정산과 증산에서 바다로 흘러드는 좌천左川에서 유래된 이름이다. 일본 강점기에 바다를 메워 뭍이 되었고 전쟁의 혼돈 속에서 피난민의 삶을 보듬어 준 곳이다. 그곳에는 굴곡진 이야기가 있고 비탈진 역사를 생생하게 보여주는 삶의 현장이기도 하다. 주민들의 터전을 이어주는 좌천이 비록 작은 개천일지라도 청년의 힘찬 동맥처럼 부산 내항으로 이어지는 푸르른 핏줄이었다. 무엇보다 이곳에 사는 사람들은 서로를 위해주며 오래오래 정을 나누며 어울려 살아왔다.

유달리 나를 좋아해 주던 할머니 한 분이 계셨다. 약을 지으러 왔다가 내가 안 보이면 꼭 나를 찾던 반달웃음이 인상적인 분이었다. 한동안 뜸하더니 딸이 대신 약을 지으러 왔다. 할머니가 갑자기 몸이 안 좋아져 자기의 집에 모시고 간다고 한다. 갑자기 코끝이 찡했다. 다시는 못 볼 것 같은 생각이 들었다.

계절이 다른 옷으로 갈아입을 즈음이었다. 그 딸이 검은 옷을 입고 약국에 들어섰다. 할머니의 집과 짐을 정리하러 온 김에 동네 이웃들과 평소 다니던 병원과 약국에 인사차 들렀다 한다. 팔구십 대가 많다 보니 슬픈 일이 자주 생긴다. 엊그제 다녀가셨던 할아버지. 조금만 친절하게 응대해도 고마워하던 할머니. 고인이 되시거나 요양병원으로 옮겼다는 소식이 들려온다. 누구나 겪어야 하는 일이지만 씁쓸한 감정이 몰려왔다.

약국 앞 화단에 고추 모종을 심고 물을 주고 있는 모습을 보더니 농사를 크게 짓는다며 농담을 던지던 단골 할머니. 폐지를 모아 힘들게 살면서도 웃음을 잃지 않던 그분은 약을 잘 지어줘 고맙다며 주민센터에서 지원받은 물품을 하나씩 가져다준다. 극구 사양해도 기어이 건네주던 분이었다. 자신도 여러 지병을 앓고 있으면서 거동이 불편한 남편을 극진히 보살피며 늘 긍정적으로 살았다. 어렵고 힘들지만, 정이 넘치고 사람 사는 온기가 느껴지는 동네였다.

유쾌하고 흐뭇한 일도 많았다. 매일 아침 약국에 들러 자잘한 동네 소문을 전해주던 웃음 많은 아주머니. 용무늬 문신한 왕년의 건달 허풍쟁이 할아버지. 한 달에 한 번 동네 국수잔치하는 날이면 고무장갑 끼고 설거지를 도우러 가던 일. 김장

철에 독거노인들을 위해 마을 부녀 회원들과 어울려 김치를 만들어 배달하던 일. 좌천동 주민들과 함께한 3년이 내 후반기 인생 중에서 열정의 시절이었다.

신록이 청청한 계절에 아들은 약국을 다른 약사에게 인계하고 그곳을 떠나게 되었다. 오시는 단골 환자들에게 떠난다는 인사를 하자 한결같이 서운하고 섭섭해하였다. 마치 피붙이를 먼 타향으로 보내는 듯한 표정이었다. 돌아서 나가는 모습을 볼 때마다 목젖이 울컥 올라왔다. 약국 일을 돌보면서 느꼈던 훈훈한 동네 인심에 알게 모르게 정이 많이 들었나 보다.

아직도 기억 저편에 잔잔하게 머무는 마을 풍경과 어르신들 모습. 그들은 나를 조각 보자기의 천 조각만큼이라도 기억할까. 만일 그때로 돌아간다면 여전히 친절하고 상냥한 '명진약국 사모님'이란 말을 들었으면 좋겠다.

마늘

 마늘을 벗긴다. 겹겹의 껍질을 벗겨내니 노란 듯 뽀얀 속살이 보인다. 작고 동그란 자태가 아기 엉덩이처럼 귀엽다. 그렇다고 익히지 않고 깨물면 한겨울 얼음물만큼 아리고 맵다. 일단 먹었으니 그 맛을 끝까지 감내해야 한다.
 해마다 오월이면 햇마늘로 새콤달콤한 장아찌를 담근다. 식초와 물로 아린맛을 없앤 후 간장과 식초와 설탕의 배합으로 삭힌다. 일주일마다 배합물을 끓여 식힌 후 다시 용기에 붓는다. 그 과정을 두세 번 하고 나면 일 년 먹을 밑반찬이 완성된다. 마치 저축해 놓은 쌈짓돈처럼 든든하다.
 유월이 오면 저장용 마늘이 나오기 시작한다. 특별한 선호가 없어 그저 알이 굵고 단단한지 또는 산지가 어딘지 정도만 확인하고 구매한다. 집 근처 노점에서 제법 씨알이 굵은 남해산을 팔고 있었다. 오늘내일하다가 적기를 놓쳤고 금방이라도 장맛비가 들이닥칠 분위기라 덥석 배달을 부탁했다.

그날 저녁, 알맹이를 쪼개서 물에 담갔다. 그냥 벗기면 시간도 오래 걸리고 힘들기도 하지만 진액이 너무 매워 손끝의 피부가 벗겨진다. 물에 불려 놓고 하룻밤을 보내면 알맹이와 껍질이 잘 분리되어 까기가 훨씬 수월하다.

다음날 일요일이라 청소를 마치고 바로 마늘 까기에 도전했다. 물을 흠뻑 머금고 있어 큰 대야에 한가득하다. 약속이 있어 나가야 한다는 아들을 붙잡아 놓고 대공사를 시작했다. 거실에 신문지를 깔아놓고 묵언 수행하듯 흐트러짐 없는 가부좌 자세와 무한 반복 동작이 이어졌다. 허리가 뻣뻣하고 다리 관절이 기역으로 꺾여 펴기도 힘들 때쯤 마늘 까기가 끝났다. 세 시간 만이다.

마늘은 우리나라 4대 채소 중 하나이며 이집트와 중앙아시아가 원산지이다. 《삼국사기》에 마늘밭에 대한 기록이 있는 것으로 보아 통일신라시대에 이미 재배되었음을 알 수 있다. 단군신화에서는 마늘과 쑥을 먹은 곰은 웅녀로 변했다. 동물의 성질을 몰아내고 인간의 품성을 갖게 한다는 옛사람들의 믿음이 내재하여 있다.

고대 이집트에서는 천연의 강장제라고 알려져 왔다. 피라미드 공사에 종사한 노동자들은 원기 회복과 스태미나 용으로 먹었다. 로마 시대 때는 검투사에게도 먹였다. 서양에서는 인체를 자극하는 강장제로 주로 사용된 것 같다.

각 나라의 문화와 정서의 차이로 쓰임이나 선호가 다르다. 유럽인들은 마늘로 십자가를 만들어 창문에 달거나 집안 곳곳에 놓아두는 풍습이 있다. 독특한 맛과 향에 부정한 기운을 몰아내는 힘이 있다고 믿었다. 불교 국가에서는 오신채 중 하나라 하여 승려들은 먹지 않았다. 날로 먹으면 성내는 마음이 생기고 익혀 먹으면 음심淫心을 일으켜서 수행에 방해가 된다고 믿었다. 힌두교를 믿는 지역에서는 자극적인 맛이 욕망을 불러일으킨다고 하여 과부에게 마늘 섭식을 금하기도 하였다.

우리 선조들은 채소나 열매가 주는 독특한 모양에 많은 의미를 부여했다. 효능의 분석이 불가능했던 시절이었으니 천연이 주는 형태미에 오랜 경험을 결부시켰을 것이다. 마늘은 특히 정력과 자손에 관련된 상징으로 많은 사랑을 받았다. 알맹이라 불리는 줄기 부분이 음낭의 모습과 비슷하여 힘의 원천과 다산의 상징이 되었다. 마늘이 가지고 있는 특별한 효과는 오늘날 영양학적 분석으로 증명되었다. 자연이 내린 최고의 음식 재료임이 밝혀진 것이다.

마늘은 여러 겹의 껍질을 가지고 있다. 한 겹 한 겹 벗길 때마다 색과 질감은 점점 옅어지고 부드러워져 간다. 사랑에 눈뜬 연인의 시선과 임을 향한 곱디고운 마음과 흡사하다. 촉촉하고 투명한 막을 거두면서 온전히 자기 속살을 내보이는 마늘은 아무도 가져보지 못한 처녀의 몸이다. 부드러운 곡선에 매끄럽고 탄탄한 몸매를 가졌으며 엄마가 갓난아기에게 물리는 노르스름한 초유 색을 띠고 있다. 음양의 조화를 한몸에 지닌 게 마늘이다.

게다가 자기 몸에 상처가 나고 짓이겨져도 할 도리는 다한다. 가지고 있는 모든 자양분을 아낌없이 내어준다. 그 모습은 마치 우리의 부모님과 같다. 한국 근현대사의 어려운 시기를 거쳐 온 부모님 세대는 자신의 편안보다 자식들의 출세를 위해 **뼈**를 깎고 살을 벗겨내는 세월을 보냈다. 어머니들은 남편이 벌어오는 적은 월급으로 생활은 물론 자녀들의 학비도 감당했다. 아버지의 낡은 양복과 어머니의 꿰맨 양말이 평범한 일상이었던 시대의 부모들은 자식들이 잘살아 준다면 희생과 고생쯤은 기꺼이 감수했다.

우리 세대도 마찬가지다. 친구 아들이 갑자기 신장이 나빠졌다. 조직 검사 후 아들에게 신장 하나를 이식해 주었다. 그녀는 자식한테 무엇인들 못 내어주겠냐며 오히려 줄 수 있어

다행이라 말했다. 부서지고 문드러져도 아낌없이 내주는 마늘 같은 게 부모의 마음이다.

 마늘을 다 벗기고 나면 일이 또 남는다. 온전히 나 혼자 해야 할 몫이다. 금방 찧어서 먹는 게 풍미와 영양 면에서 뛰어나지만 벗기고 빻는 일이 예사가 아니다. 미리 믹서기로 갈아서 먹을 만큼씩 봉지에 담아 냉동시킨다. 오늘따라 마늘의 봉사와 희생이 숭고하고 고귀하게 느껴진다.

버릴 수 있는 용기

몇 해 전, 몸담았던 봉사 단체에서 독거노인과 저소득층 세대에 쌀을 기부하러 갔다. 두 사람이 마주 지나가려면 어깨를 비틀어야 할 정도로 좁은 골목 계단이 거미줄처럼 엉켜 있는 오래된 달동네다. 얼기설기 얽은 지붕은 낡은 풍막처럼 위태로워 보였다. 대부분 부엌 하나 방 한 칸 구조여서 통풍이나 채광은 애당초 기대하기 어려울 정도로 열악했다.

주민센터의 도움으로 나에게 배당된 집을 찾아 쌀 10킬로그램을 들고 올라갔다. 방문한 첫 집의 할머니는 말간 웃음으로 반기며 요구르트를 건네주었다. 팔다리에 뿌듯한 힘이 올랐다. 두 번째 집에도 수월하게 전달하고 마지막 집을 찾아가는 순서가 되었다. 미로 같은 길을 꽤 지나 산꼭대기에 올랐다. 가풀막진 길에 다리가 후들거렸다. 이곳에 사는 사람들의 삶은 얼마나 후들거렸을지. 그때마다 무엇이 그들을 끌고 올라왔을까. 기약 없는 희망인가, 무뎌진 세월인가.

쌀 포대를 안고 자드락길 끝에 자리한 집에 도착했다. 낡은 문을 여는 순간, 한낮인데도 어둑한 입구에서부터 퀴퀴한 냄새가 코를 찔렀다. 칠십 대쯤의 아주머니가 쪼그리고 앉아 빨래하고 있었다. 봉사 단체에서 나왔다며 밝게 인사해도 쳐다보는 눈에는 경계의 빛이 가득했다.

쌀을 들고 있는데도 일어서는 기색도 없이 옆에 놓으라며 턱 끝으로 사인했다. 엉거주춤 들어가 한쪽 곁에 내려놓았다. 반쯤 열려 있는 방문 사이로 각종 쓰레기 봉지와 종이 뭉치들이 한가득 쌓여 있는 것이 보였다. 부엌 겸 빨래터에도 검은 비닐 뭉치들이 넘치고 있었다. 그곳에서 각종 부패한 냄새, 눅눅하고 비릿한 악취가 마구 뒤섞여 온 집안을 헤집고 있었다.

나오며 인사를 해도 들은 체도 안한다. 쑥스럽게 나오는데 안내해 준 주민센터 직원이 미안한 듯 속사정을 전한다. 쓰레기를 집에 모으는 병이 있어 민원이 들어와 치워줘도 계속 주워 모은다고 한다. 봉사를 마치고 집으로 돌아오는 내내 쓰레기가 가득 찬 산꼭대기 판잣집이 머리에서 떠나지 않았다.

집에 도착하여 현관문을 열었다. 평소 익숙했던 집안이 그

날따라 눈에 거슬리는 게 많이 보였다. 나름 예뻐서 산 것, 해외여행 갔다 오며 아기 안듯 고이 모셔 온 장식품, 언젠가는 쓰일 거라며 장만한 물건들이 어지러이 널려 있었다. 버린다는 생각을 안 해 본 건 아니지만 없애고 나면 꼭 필요해질 거라는 이상한 신념을 담은 물건들이다. 지금까지 제 곳에 놓였다고 생각했는데 볼수록 어지럽다.

잡다한 물건들이 눈에 띄기 시작하자 과감하게 정리하기로 했다. 몇 년째 걸려 있었지만 몇 번밖에 입지 않은 코트, 비싸게 사서 아까워 버리지 못하는 카디건 등등. 크기도 모양도 색상도 다양한 옷과 미어터지는 신발장도 과감히 정리했다.

냉동고에 있던 유통기한이 오리무중인 검은 봉지 속 음식에 미련 두지 않고 음식물 수거통에 넣었다. 예쁜 꽃을 사서 옮겨 놓으려고 버리지 않았던 화분도 한두 개만 남기고 모두 정리했다. 그것만으로도 집안과 베란다가 시원해졌다.

집안의 물건들을 치우고 나니 심리적 쓰레기를 쟁여 두고 있는 건 아닌지 돌아보게 된다. 고집이나 편견, 시기, 미움 등은 마음의 짐 덩어리이며 오래 묵힐수록 더욱 부패해지는 반정서적인 폐기물이 아닌가. 지나간 일을 생각하면 할수록 화가 치밀어 오른다면 버릴 수밖에 없는 쓰레기와 같다. 그런 것이 자꾸 떠오른다는 건 오물 봉지를 열고 썩은 냄새를 맡는 거나 마찬가지다.

버려야 할 때 버릴 수 있는 용기가 필요하다. 그래야 마음에서 악취가 풍기지 않는다. 비워진 자리에 넉넉한 아량으로 채워야 한다. 더불어 살아갈 배려와 따뜻한 정이 가득해지면 그만큼 삶은 풍족해진다.

아쉬움이 따를지라도 미련 없이 작별을 고해야 할 것이 있었다. 정년이 보장되지 않았지만, 누구나 탐내던 겸임이라는 자리를 연연하지 않고 훌훌 던져 버렸다. 학과장의 만류에도 웃으며 나왔다. 오랜 세월 열정을 쏟은 만큼 아쉬움도 있었지만 젊고 유능한 겸임 예정자들이 대기하고 있다는 것도 알고 있었다. 떠나갈 때를 아는 자의 뒷모습은 아름답다고 한다. 지켜야 할 자존감과 버림을 실행하는 용기가 새로운 세계를 찾도록 해준다.

나오고 보니 할 일은 많고 세상은 넓었다. 더 정확히 말하자면 배우고 싶은 것이 많고 내가 펼칠 세상은 넓었다. 요일 시간표를 짰다. 월요일 ㅇㅇ강좌, 화요일 ㅇㅇ수업, 수요일 ㅇㅇ공부, 목요일 ㅇㅇ 모임, 금요일 ㅇㅇ교실…. 해보고 싶었던 공부를 쉴 틈 없이 시작했다. 몇 개월 지나니 몸과 정신이 힘들어졌다. 과연 내가 버려야 할 것을 제대로 버렸는가 하는 의문이 들기 시작했다. 단순히 교체한 것에 그친 것이 아닌가 하는 후회가 밀려왔다.

여유로운 짬을 가지지 못할 만큼 하루가 빡빡하다. 정말 내가 원하는 것이 무엇인지 곰곰이 생각해 본다. 집에 물건을 들여온 것만 꽉 찬 것이 아니다. 채움과 꽉 참이 이렇게 다르다. 보류해도 될 과목은 잠시 쉬기로 했다. 그제야 얼굴에 생기가 돌아왔다.

그때 정리한 후 몇 년이 흘렀다. 또다시 집에는 물건이, 마음에는 이기심이 쌓이기 시작한다. 최소한의 물건으로 가볍게 살아가는 것을 권하는 미니멀 시대가 아닌가. 점점 둔해지는 감각 탓인지 비움의 편리를 어느덧 잊고 있었다. 다시 과감하게 폭풍 정리하기로 한다.

누구든 언젠가 세상과 작별한다. 한때 아끼고 아낀 물건들도 타인에게는 쓰레기라는 것을 알면서도 쇼핑 사이트를 열심히 찾는다. 쇼핑센터나 백화점에서 흥미 있는 물건이 눈에 뜨이면 가슴이 두근댄다. 백 년도 못 사는 인생인데 갖고 싶은 것 다 사고 살자며 마음속에서 뭔가 꼬드긴다. 언젠가 꼭 필요할 거라고 부추기면서. 채움에 길든 오늘 하루, 또 적당한 이유를 쇼핑 백에 넣고 온 이기심이 고약하다. 물건을 산 것이 아니라 합리적 이유를 담아 온 하루다.

언제쯤 어리석음을 이겨낼 용기가 생길까.

쉼표의 계절

 글자가 눈에 들어오지 않았다. 어떻게 말해야 갑갑한 내 속과 답답한 마음을 충분히 공감해 줄까. 기다리며 읽으려고 가져간 책의 활자는 이미 의미 없는 검은 잉크일 뿐이었다. 기다린 지 두 시간이 훌쩍 지났다.
 사십 대부터 약간의 위장장애가 있었어도 별 탈 없이 보냈다. 그런데 봄부터 식사 후 느낌이 불편해서 다니던 동네병원으로 갔다. 간 김에 종합 검진과 함께 여러 가지 검사를 받았다. 내시경 검사 결과 위염과 역류성 식도염으로 진단받았다.
 일주일 후 종합 검진한 결과표가 집에 도착했다. 간 기능 수치가 40 이하가 되어야 정상인데 5배가 넘는 220이 나왔다. 검진 소견서에도 간 검사를 다시 받아보라는 메시지가 있었다. 검진표를 들고 다시 그 병원으로 달려갔다. 정확한 판단을 위해 간 초음파 검사를 했다. 간 옆에 있는 쓸개에 돌이 보이고 쓸개와 위를 연결하는 담도에도 돌이 비스듬히 끼여 있는 것이 허옇게 보였다. 크기가 애매하니 증상이 없으면 육 개월 뒤에 다시 찍어 보기로 했다.

그런데 이틀이 괜찮은 듯하면 사흘이 불편했다. 밥보다 죽이나 누룽지를 끓여 먹는 게 편했다. 체중은 점점 내렸고 생활의 의욕도 떨어졌다. 다들 이번 여름 무더위는 작년에 비해 시원하게 넘어간다고 했지만, 나는 알 수 없는 증상 탓에 시원하게 넘어가지 않았다. 그렇게 한 달 가까이 지났다.

팔월 중순 무렵부터 몸이 으슬으슬 추웠다. 침대에 전기요를 깔았다. 소파에서는 무릎 담요까지 덮었다. 에어컨은 쳐다만 봐도 뼈가 시렸다. 머리에 열이 올랐다 내리기를 반복했고 우울감마저 들었다. 구월이 오면 더욱 추워질 거라 지레 겁이 났다. 증상이 반복되고 몸의 이상 신호가 나타나자 별별 불길한 상상이 다 떠올랐다.

여름이 지나가고 슨슨한 바람이 불고서도 증상이 나아지지 않았다. 가까운 대학병원에 당일 예약을 하고 기다린 지, 세 시간이 지나고 나서야 드디어 내 이름이 불렸다. 증상을 절절히 설명했지만, 의사의 반응은 냉랭했다. 심각한 상황이 아니라는 듯 운동을 열심히 하라는 말을 지나가듯 툭 던졌다. 문 닫고 나오는 내 뒤통수가 부끄러웠다. 큰 병원이라지만 처방은 그전의 병원과 다를 바가 없었다.

며칠 뒤, 점심 모임 후 식은땀이 났다. 집으로 오는 길이 천릿길이다. 집에 도착하자마자 배가 심하게 아프기 시작했다. 분만 직전의 진통만큼 아프다. 도저히 참을 수가 없어 119에 전화했다. 구급차가 지나가는 것은 봤지만 타보는 것은 생전 처음이었다.

응급실로 실려 와서 각종 검사를 했다. 결과는 담도에 있는 돌이 소화에 장애를 일으켰고 담석 산통을 일으킨 것이다. 위염이 아니고 담석증이었다. 다음날 아침에 수면 내시경으로 담도에 걸려 있던 돌을 빼는 시술을 했다. 깨어 보니 수액 걸이에는 종류도 다양하고 색깔도 다른 액체 봉지들이 포도송이처럼 주렁주렁 달려있었다. 간 수치는 다행히 정상으로 내려가고 있었다.

담당 의사가 회진을 왔다. 담도의 돌은 잘 빼냈지만, 쓸개의 돌은 놔두면 재발하거나 합병증을 일으킬 수 있으니 제거 수술하라고 권했다. 상상할 수 없는 복통을 겪은 나는 그 말만 들어도 진땀이 났다. 넘어진 김에 쉬어간다고 제거하기로 했다.

드디어 수술하기로 한 날이다. 떨렸다. 수술실 온도는 매우

낮았고 몸 전체로 한기가 느껴졌다. 감염 때문에 일부러 온도를 낮춘다고 한다. 마취한다는 사인이 나오자 목구멍에서 생전 맡아보지 못했던 역한 냄새가 느껴졌다. 얼마의 시간이 지났는지 뭔가 덜커덩하는 느낌이 왔다. 침대가 움직이고 있었다. 수술이 끝나고 병실로 이동 중이었다.

응급실로 실려와 내시경 시술과 쓸개 제거 수술을 마치고 열흘 만에 퇴원했다. 금식과 죽으로 연명하다 보니 5킬로그램이나 빠졌다. 그리고 새카만 환약 같은 지름 일 센티미터 정도의 담석 여러 개를 투명 용기에 담아왔다. 처절한 싸움의 전리품이었다.

길게는 넉 달 가까이, 짧게는 열흘의 병원 생활을 돌아본다. 풍랑 맞은 배가 등대를 못 찾아 이리저리 떠돌다 겨우 항구를 찾아 안착한 느낌이다. 질환의 원인은 여러 경우가 있다. 그러나 내가 알 수 없고 어쩔 수 없는 부분은 정말 신의 영역이라는 생각이 들었다.

평생 해오던 직업을 내려놓았다. 나를 추스르고 스스로 용기를 주고 싶은 의욕이 욕심을 불렀다. 고단한 여정을 이어왔는데 이것이 건강을 해치게 된 원인이 된 건 아닌지 되돌아본다. 생활의 풍요를 추구하는 것보다 중요한 것은 쉬어가기였다.

한때 내 몸의 일부이기도 했던 작고 까만 돌멩이는 이제 내 삶의 중요한 이정표가 되었다. 인생의 마침표가 아니라 쉼표가 되어 준 그 돌멩이에 감사를 표하며 삶의 모든 가치를 소중히 여겨야 하는 이유를 시련을 겪고서야 알게 되었다.

  몸도 마음도 야생마처럼 뛰어다니던 내 인생, 그해 여름은 쉼표의 계절이었다.

4부
보금사 돌탑

홍매 다감 紅梅多感

홀로 선 나무는 제 그림자를 지킨다

가을, 소리에 젖다

명화의 탄생

빈 섬

보금사 돌탑

홍매 다감 紅梅多感

 길게 꽃길이 이어진다. 삼월의 섬진강은 어느 곳보다 봄을 먼저 알린다. 흐르는 강물은 새색시 치마 끌듯 곱고, 물오른 나뭇잎은 이슬에 씻긴 듯 정결하다. 이른 꽃잎이 비단 같은 강물 위에 떨어져서 수채화처럼 아롱진다. 강 위를 건너오는 여린 산바람으로 괜스레 가슴이 설렌다.

 백운산 자락에 온통 꽃눈이 내리던 날, 매화와 매실로 유명한 광양 '다압 마을'로 발걸음을 옮겼다. 곳곳에 자리한 백매와 홍매를 멀리서 보니 온 산이 희고 붉다. 산수유나무까지 곁들여 있고 발밑에는 눈도 녹인다는 복수초가 샛노란 모습으로 자리 잡고 있다. 곳곳에 개나리도 끼어든다. 형형색색 나들이객의 봄옷도 꽃 무리가 되어 있다. 하얀 도화지 위에 연

붉고 노란 물감을 흩뿌려 놓으면 분명 백화 화쟁百花和諍이 이런 풍경일 것이다.

　매화는 지조와 절개의 상징이다. 일생을 추위 속에서 살아도 그 향을 팔지 않는다. 언젠가 찾아갔던 밀양 금시당 고택의 매화는 관직을 버린 선비의 꼿꼿한 충절과 어울려 더욱 품격이 느껴졌다. 매화는 고목처럼 오래되고 마른 가지, 무성치 않고 드물게 핀 것, 만개보다 꽃봉오리에 가치를 둔다. 옛 선비들은 동토에서 꽃을 피우는 기개와 은은하게 배어나는 향기를 보며 세상의 사소한 시름을 잊기도 했다.

　대숲을 지나니 서걱거리는 소리가 들려온다. 샛바람에 댓잎도 풀빛으로 바뀐다. 마음이 고요해야 들릴 수 있다는 봄의 숨결이 바람결에 사운대며 지나간다. 땅 밑에서는 생명이 움트는 내음이 훈훈하다. 가슴에 전해 오는 꽃의 잔향으로 청각과 후각을 자극하니 시야가 맑아지고 감성이 매화 몽우리 터지듯 툭 터지는 것 같다.

　한낮이 다가오자 많은 사람이 오간다. 상춘객은 꽃을 사진에 담느라 분주하고 부산하다. 한적한 곳에서 매화에 취하고 싶어 산책로가 아닌 샛길로 들어섰다. 엉켜 있는 나무들이 시야를 가렸지만 춘색을 마다할 수 없다. 매향에 홀려 여기저기 돌아보는 순간, 불쑥 튀어나온 꽃가지에 이마가 세게 부딪혀 긁혔다. 손수건으로 닦아도 피부가 얼얼했다. 깊지 않게 벗겨졌는지 다행스럽게 지혈은 되었지만, 상처는 꺼칠했고 제법 부풀어 올랐다.

  꽃과 만남이 이렇게 느닷없을 수 있을까. 살다 보면 가끔 문에 부딪히기도 하고, 냉혹한 현실에 부딪히기도 한다. 갑작스러운 상처로 힘들어하지만 돌아보면 남겨진 기억도 아름다운 것인가. 가지마다 굳은살이 박여 있는 삶이다. 매화 가지와 부딪혀 봄 마중했으니 그나마 다행이라 여긴다.

  갈 길이 먼 여행자는 일찍 걸음을 서둘러야 한다. 귀향길의 섬진강변은 예향의 고장답게 송림 그림자마저 절절하다. 모래톱이 켜켜이 쌓인 사구는 그림처럼 누워 청아한 하늘빛을 맞이하고 있다. 꽃은 화사하고 강물은 유유하고 매화 향이 그윽하여 가슴 한구석으로 아련한 그 무엇이 스며든다. 강가의 늦은 오후는 꽃 너울로 길게 드리워진다.

  아침에 일어나 세수하려 보니 이마가 따끔거린다. 자세히 보니 상처가 불긋하다. 활짝 핀 홍매 한 송이가 이마에 얹혔다. 어느 시인은 낙엽이 어깨에 얹혔다더니 왜 홍매는 굳이 내 이마로 찾아왔을까. 추운 겨울을 견딘 매화가 분명 아무 자리나 앉지 않을 텐데. 고담한 매화 한 송이가 자리를 옮겨 이마에서 다시 붉게 피어났다.

부처의 이마 중간에도 붉고 노란 점이 있다. 그것은 부처의 자비 광명을 나타낸다. 인도 여성의 이마에도 붉은 점 빈디가 있다. 미간 사이에 있는 점으로 인간의 본성을 지배하는 곳이라는 의미가 있다. 내 이마의 붉은 흔적도 힘든 시간을 견디어 낸 의지의 점이라 생각된다.

매화는 영하의 백설을 끌어안으며 인고의 세월을 보내고 나서야 꽃을 내보인다. 그윽한 향기가 되어 움트지 못한 세상의 꽃들을 깨운다. 매화는 외로워야 제격이라지만 깊게 사무쳐야 그 자태를 품게 된다. 납매臘梅가 되고 동매冬梅가 되고 설중매雪中梅가 되어 선비의 절개처럼 지극한 정성으로 피워낸다.

나의 꽃이 추위와 고초를 견디고 저 깊은 마음속에서 돋아 오롯이 피었다. 꽃잎마다 붉은 심장으로 뛰었던 홍매는 휘어진 가지가 울적하고 묻어놓은 시간이 서글펐다. 지나간 세월이 남루하다고 생각했다. 마디마디 생채기가 묻어있다.

상처가 많은 나무일수록 더 이르게 꽃을 피운다. 상처도 사랑이라면 어찌 깊은 곳에서 움트지 않겠는가. 그렇게 이마에 꽃이 피었다. 온갖 역경을 고스란히 삭히면서 의연하게 살아온 날에 대한 꽃 선물 같기도 하다.

어쩌면 기적이다. 섬진강 매화와 이마 위의 홍매는 우연과 필연이 겹쳐 피었다. 지조와 기개의 상징인 매화는 아무에게

나 보이지 않고 누구에게나 마음을 열지 않는다. 홀로 향기를 품으니 다른 꽃들과 봄을 다투지 않는다. 세상 풍파 앞에서도 꿋꿋하기를 원했다. 이마에 핀 매화는 백 년의 조우가 아니겠는가.

   내게 온 홍매는 열흘 피었다가 서서히 졌다. 세상의 매화 잔치도 끝나가고 있다. 봄을 노래하는 시 구절에 "사랑이 끝나는 곳에서도 사랑으로 남아있는 사람"이 있듯이 꽃이 떨어지는 곳에서도 꽃이 되는 사람이 있다. 오래된 삶의 마디에도 생명의 움은 트고 겨울을 이겨낸 가지에도 꽃은 피어난다. 걸음걸음 살아왔던 내 발자국에는 어떤 향기가 스며 있었을까.

홀로 선 나무는 제 그림자를 지킨다

　세상의 생명들은 사철 분주하다. 나무도 평생 쉬지 않는다. 땅속 물을 빨아올리고 잎을 키우고 물들이며 열매를 맺는다. 밖으로는 사람들에게 그늘을 만들어주고 주위 나무와 숲을 이루었다가 마지막으로 목재로 쓰인다. 인류의 탄생 이전부터 대지를 푸르게 하였고 인간의 성장과 발전을 흐뭇하게 바라보는 수호신이 되어 아낌없이 내어주고 가르쳐 주고 보살펴 준다. 나무는 남을 위해 살고 있으므로 나무다.

　봄날의 나무는 싱싱한 생명의 기운을 뿜어내고 꽃내음 상큼한 미소를 남긴다. 물오른 가지마다 몽우리가 돋아나고, 잎샘바람과 꽃샘바람에도 굴하지 않는다. 어린 나무는 백년 나무가 되고 백년 나무는 천년을 응시한다. 봄비 오는 날, 빗살 무늬 축복이 내리면 연둣빛 새싹이 눈을 뜬다. 그것은 세상을 바라보는 시선이다. 봄옷을 입은 가지가 선연하게 뻗어 갈 때 하늘에서 떨어진 비꽃도 푸른빛이다. 싱그러운 풋내로 가득한 곳, 홀로 선 나무는 신록의 계절을 꿈꾼다.

여름 나무는 고행을 마다하지 않는 구도자다. 무더위와 거친 폭풍우를 과묵한 인내로 이겨 내면서 의지하는 모든 생명에게 곁을 내어준다. 지나가는 새들이 쉬어가고 지친 나그네는 땀을 식힐 휴식처로 삼는다. 솔바람에 아이들의 웃음소리가 커지면 노거수도 덩달아 웃음 짓는다. 여물어 가는 곡식을 달구는 태양도 잠시 숨을 내려놓는 곳이다. 달뿌리풀과 억새 위로 노을이 타는 황홀한 시간. 나무는 푸른 바랑을 메고 긴 그림자를 남기며 홀로 걸어가는 수도승이다.

가을 나무는 풍성해진 잎사귀 위로 청명한 하늘을 이고 있다. 높아진 하늘만큼 나무는 커 간다. 풍요와 결실이 들녘을 황금빛으로 물들이고 갈바람에 풀벌레 소리가 스산해지면 나무는 붉고 노란 제복으로 갈아입고 가을걷이하는 농부를 맞아들인다. 그땐 물위에 비친 산 그림자도 감성 짙은 풍경화처럼 갖가지 색깔로 풍성하다. 가을은 가벼워지고 낮아지고 버리려는 사람이 사랑하는 계절이다. 제 몸을 비늘처럼 떨구는 순리를 보면 누구나 옷깃을 여밀 것이다. 가을 나무가 앞에 있으므로.

겨울 나무 그림자는 핼쑥하면서 날씬하다. 나신이 된 나무는 둔덕 위에 그려진 제 그림자를 내려다본다. 바람이 가지를 돌며 냉랭히 지나가더라도 감춤과 드러냄을 구분하지 않고 서로를 마주본다. 산골 겨울이 해걸음을 빨리하고 짧은 하루는 나무둥치를 잠시 붙들었다 놓아준다. 밤에는 보이지 않아도 나무와 바람과 해와 달은 함께 살아가고 있음을 서로 잘 안다. 청빈한 세월에도 더불어 견디며 산다. 겨울밤 마른 가지에 달린 별도 새날을 기다리며 지새운다.

산 위의 나무는 몸피에 쌓인 세월처럼 휘어져 있다. 들판에 길을 내며 달려온 바람은 굽혀진 가지에 흔적을 남긴다. 쇠갈퀴 같은 바람도 운명이라 여기며 담담하게 받아들인다. 불퇴전의 장수처럼 산 위에 배수의 진을 치고 굳건하게 서 있다. 세상은 시련투성이라니 병풍처럼 호위해 주려는 듯하다. 나무가 새순을 맺고 푸른 연등이 될 때 사람들은 그들을 찾아 산에 오른다. 그땐 녹의를 몸에 감싸고 묵상을 다시 시작한다. 산 위의 나무는 바람의 그림자를 포옹하면서 조금씩 성숙해져 간다.

길 위에 선 나무는 오가는 사람들의 발자국을 기억하고 있다. 솔버덩의 풀잎에도 비탈에서 노숙하는 들꽃에도 많은 사연이 숨어있다. 비바람에 모습이 상해도, 제자리에 있는 것이 중요하다는 걸 알고 있다. 길가 나무는 무엇보다 사람의 발걸음, 숨소리, 이야기에 귀를 기울인다. 하지만 결코 누설하는 법이 없다. 빛에 점점 가려진다 해도 묵묵히 제 몸체를 키운다. 그대들이 있어 힘들지 않고 행복하다고 말한다. 비틀대는 삶의 난장에서 빛이 되고 꿈이 되고 동행이 된다.

호숫가의 나무는 물위로 자신을 띄운다. 바람결에 나뭇가지가 흔들리면 물속 그림자도 조용히 뒤척인다. 멈춘 듯 흘러가는 구름 한 조각이 수면을 지나면 새들도 창공을 날갯짓하며 날아오른다. 달빛 아래 윤슬을 보며 잠 못 이루는 나무 한 그루. 새벽안개가 내리면 조용히 몸을 일으킨다. 그림자는 빛을 따르고 나무는 어둑새벽 고요하게 잠든 호숫가에 홀로 서성인다. 여명이 다가오는 소리에 뒤돌아보니 그림자 하나 뒤따르고 있다.

나무는 크기만큼의 그림자를 갖는다. 누구나 무엇이나 그림자 하나를 가지고 있다. 떨쳐 내고 싶어도 삶에서 떼어 낼 수 없는 운명. 세상의 부러움과 부귀영화는 짧지만, 인류에게 큰 영향을 준 위대한 성인이나 철학자의 그림자는 길다. 탐심을 버리고 물욕에 흔들리지 않아야 한다. 뒷산을 지키고 서 있는 굽은 소나무. 그 한 그루는 무엇보다 자기의 몸을 사랑한다. 똑같이 서 있는 나무 없고 어설피 드리워진 그림자 없다. 누구든 자기 크기만큼의 그늘을 만든다.

홀로 선 나무는 제 그림자를 지킨다. 달이 구름을 따라가고 구름이 바람을 뒤쫓아 가듯 몸은 마음을 앞세운다. 나무의 그림자도 맨발로 나무를 따라나선다. 엉킨 나무들은 제 그림자가 어디 있는지 알지 못하지만 홀로 선 나무는 결코 자신의 그림자를 버리지 않는다. 그림자는 비가 오면 나무 뒤에 숨고 해가 나오면 볕을 쪼인다. 서로를 지켜 줄 수 있을 때 비로소 함께할 수 있으니 빈 들에 부는 낯선 바람마저도 감미롭다. 계절이 오가도 나무는 제 모습을 잃지 않는다. 그 옆에는 변함없는 그림자 하나. 홀로 선 나무는 제 그림자를 지킨다.

가을, 소리에 젖다

좁고 가파른 산길을 오른다. 길 한쪽의 비탈은 바위산에 위험스럽게 기대고 있다. 능선의 나무들은 새들에게 제 가지를 양보하고 햇살에 허리를 굽힌다. 한낮이 기운 숲 사이로 무리지어 핀 억새도 바람의 수다에 나붓나붓 흔들린다. 너덜길의 구절초도 바위틈마다 하염없이 피어 있다.

어중간한 오후였다. 자동차는 높고 급한 길을 천천히 오르고 있다. 좁은 산판 도로를 쉼 없이 돌고 돌며 꼬불꼬불 올라갔다. 종내에는 어떤 경관이 다가올지 알 수 없는 도박 같은 산행이었다. 모퉁이를 돌 때마다 늦가을 잎사귀들은 점점 더 붉게 물들어 마음은 긴장과 흥분으로 고동쳤다.

나그네 마음을 애태우던 험한 숲길이 자태를 훤히 드러냈다. 우연히 접어든 산사 주변은 온통 단풍으로 불타고 있다. 그 누구의 손길도 거부한 듯 스스로 위리안치된 산중 사찰. 청도면 운주암이다.

만추의 하루를 보내고 있는 암자는 켜켜이 펼쳐진 화악산 봉우리를 부드럽게 내려다보고 있다. 사바세계를 보듬는 부처의 자애로운 눈길을 떠올릴 정도로 산등성이마저 너그러워 보인다. 8부 능선 암벽 터에 자리 잡은 절은 깎아지른 벼랑을 지키며 천년 세월을 보내고 있다. 마당 끝은 아득한 낭떠러지로 이어지고 뒤쪽으로는 녹의홍상 봉우리가 펼쳐져 있다. 천혜의 기도 도량이 석양에 젖어 들고 있다.

때맞춘 시간도 노을을 불그름하게 물들인다. 붉은 안개처럼 핀 단풍이 더욱 화염을 피운다. 거침없이 이어진 산들은 파도가 넘실대는 단풍 바다다. 단전 깊은 곳에서 감격의 탄성이 저절로 나온다.

산사의 스님은 매일 주색朱色으로 물든 산을 내려다보며 무엇을 마지막으로 태울까. 세속의 인연이야 예전에 잊었을 터, 그래도 인간이니 아직 태울 게 남아 있지 않을까. 그런 생각을 할수록 탄성은 끈질긴 인연에 대한 탄식으로 바뀐다.

골짜기에서 올라온 바람이 절 마당 삼층 석탑에서 탑돌이를 한다. 시골 아낙의 비손도 산등성이를 타고 올라와 부처 앞에 온몸을 숙일 시간. 산사는 저녁 예불로 가득하다. 갈바람은 차지만 극락왕생을 위한 염불을 한다. 나무도 스님도 단풍도 탑도 모두 소원을 빈다.

사찰 한갓진 곳에 스님이 기거하는 승방이 있다. 댓돌 위에는 까만 털신 한 켤레가 정갈하게 놓여 있지만, 인기척이 없다. 그곳 마루에 앉아 바라보는 풍광이 탐났다. 발소리를 낮추고 툇마루 끝에 앉아 장엄하게 물들어 가는 고산 벽산을 내려다보며 상념에 젖어 들었다.

내실에 묵언 수행하는 스님이 있었나 보다. 짧고 청량한 요령 소리가 들렸다. 조용히 하라는 말도, 나가 달라는 소리도 없이 의사를 전달한다. 종소리보다 더 맑은 스님의 마음이 곱게 와닿았다. 잠시나마 자리를 양해해 준 스님께 마음으로 합장하고 조용히 일어섰다. 참선 중인 스님 곁을 지키는 요령 소리는 전각 끝의 풍경소리보다 더 내 마음을 깨웠다. 일렁이는 온갖 잡념이 부끄러웠다.

화악산 위로 새들이 서로의 안부를 주고받으며 산허리를 날고 있다. 붉은 하늘에 검은 빗금을 그으며 저무는 산의 풍광을 만끽하려는 듯 날갯짓이 느리다. 노을도 자연의 품위를 지키며 천천히 물들어 간다. 새들은 단풍 노을 앞에 자신의 목소리를 시주한다. 하얀 낮달은 까막새 소리에 희미한 미소로 화답한다. 모든 게 염화시중이다. 산속 가을이 묵언의 은유로 점점 깊어간다.

하산길 단풍은 한층 풍성해진다. 농익은 햇살이 나무 사이를 비집고 들어와 하루의 꼬리를 붙잡는다. 별리의 계절이 오면 속마음을 숨기고 살던 나뭇잎들은 붉고 노란 제 색깔로 한 해의 묵은 마음을 낱낱이 드러낸다. 미련이고 울분이다. 계절의 끝에서 머뭇거리는 영혼도 익숙지 않은 설움을 견디고 있다. 진정한 이별은 아픔을 견디어 내고 나서야 온다더니 사람도 자연도 가벼운 스침에 몸을 뒹굴며 운다.

산은 물러날 때가 있다는 것을 보여준다. 숲도 보내고 맞이할 준비를 하며 스쳐 지나간 인연을 떠올린다. 한여름 개울가에서 소리 높여 웃던 아이들, 영혼이 되어 날개를 떨던 매미들, 속살을 파고들던 담결한 솔바람. 이 모든 순간이 부질없어 더욱 그립다. 그때 그들의 미소는 분명 붉었을 텐데 왜 퇴색한 색으로 기억될까. 그 마음을 위로해 주듯 억새들의 하얀 얼굴이 어느새 불그스레한 홍조로 물들고 있다.

산에서 내려왔다. 골짜기 붉은색이 무채색 밤빛으로 바뀌기 시작한다. 밝음과 어둠이 함께하는 오묘한 장면을 연극의 클라이맥스를 보듯 숨죽이며 지켜본다. 바람도 가만히 엎드리고 새들도 고요하다. 그들의 안식을 방해하지 않으려 마음을 낮추고 발걸음을 조심스레 옮겼다. 우연히 들어섰던 산길은 땅거미에 묻혀 쉬 보이지 않는다.

  작별의 시간, 초로의 문턱에서 산사의 풍광을 바라본다. 순응의 세계로 젖어 드는 가을 산에 마음이 숙연해진다. 문득 승방에서 조용히 울렸던 요령 소리를 환청처럼 다시 듣는다. 붉게 물든 가을 산에서 들은 묵언의 소리다. 내 삶의 가을에도 울리기를 기대하며 마음속에 요령 하나 담는다.

명화의 탄생

볕살이 따사로운 서귀포는 향기로운 봄바람이 그치지 않는다. 순도 높은 하늘빛이 투명한 수채화처럼 펼쳐져 날씨만으로도 춘삼월 화단이 상상된다. 서귀포 날씨와 유채꽃 풍경이 어울려 제주도를 아름답게 해 주지만 섬의 품격을 높여주는 건 곳곳에 있는 다양한 미술관이다.

제주도 여행을 계획하면서 제일 먼저 떠올린 곳은 이중섭 미술관이다. 이중섭이라면 아이와 게, 향토적인 소, 마주보며 웃는 가족. 동화 같은 세계가 연상된다. 나지막한 언덕 따라 노오란 유채가 이어지는 돌담길을 올라갔다. 그가 피난 시절 세 들어 살던 초가집에 다다랐다. 모퉁이 단칸방에는 옹색한 살림살이에도 불구하고 서로 의지하며 스산한 세월을 이겨냈을 가족 네 명의 따뜻한 숨결이 고스란히 풍겨왔다.

한 평 남짓 황소 코뚜레만큼 작은 방이지만 이중섭은 행복했다. 가족에 대한 사랑은 그의 꿈이었으나 일본인 아내가 귀향하면서 홀로 남게 된 그는 궁핍과 고독의 나날을 보냈다. 격동의 세월을 온몸으로 부딪히며 살아야 했다. 몸 하나 부서지는 건 일도 아닌 험한 세상에서 애간장이 녹아내리고 기진맥진했을 얼굴이 떠오른다.

아내와 두 아들을 일본에 보낸 이중섭은 절절한 그리움을 가족이 함께 있는 그림으로 표현했다. 그림 속 가족은 대부분 웃고 있지만 가장으로서 책임을 하지 못했다는 슬픔이 깔려있다. 사후 육십여 년이 지난 지금도 그의 간절하고 애틋한 사랑을 엿볼 수 있다. 그중에 아내와 진한 키스가 담긴 작품은 구스타프 클림트의 〈키스〉보다 보는 이의 마음을 더 달군다. 부부의 애정을 거리낌 없이 표현하는 순수한 열정으로 예술성을 불태워 명작을 탄생시켰을 것이다.

섣달하고도 그믐이 가까운 날이었다. 며칠째 마음먹고 있던 산책을 나섰다. 해운대 미포 입구에서 송정까지 해안 따라 이어지는 폐철도에는 나무 덱이 깔려 걷기 편한 산책길이 조성되어 있다. 길섶에는 조경도 아담스레 잘 꾸며져 있다. 입춘을 앞두었지만 바람은 떡갈나무껍질처럼 거칠고 바다 물살은 사자의 포효처럼 사나웠다.

몽돌 구르는 소리가 유난히 크게 들려 계단으로 내려가기로 했다. 언틀먼틀한 자갈밭은 평소에도 미끈거려 걷기에 위태로웠다. 천천히 발을 옮겨 바다 가까이 있는 뭉우리돌에 걸터앉았다. 바다는 힘센 위용을 과시하며 물결을 퍼 올렸고 바위에 부딪힌 물보라가 허옇게 사방으로 흩어졌다.

인기척에 뒤를 돌아보았다. 어느 부부와 초등생 또래의 아들이 서로 의지해서 자갈밭을 천천히 걸어오고 있다. 내 곁을 지나쳐 갈 때, 그들의 모습이 조금 이상하게 보였다. 아내와 아들이 남편의 양팔을 잡고 조심조심 발걸음을 옮겨 바닷가 가까이에 그를 앉히는 것이다. 자세히 보니 남편이 시각 장애인이다. 앞을 볼 수 없으니 바다를 파도 소리로 느끼게 하고 갯내로 해풍을 실감하게 하고 싶었을까. 세 식구는 어깨를 나란히 하고 한곳을 바라보고 있다.

그들이 바라보는 곳은 어디일까. 수평선이 아닐 것이다. 시선을 모아 바라보는 곳은 장소가 아니라 그지없이 소박한 행복이 아닐까. 행복이란 소소한 것이다. 한집에서 잠을 자고 함께 밥을 먹고 시간을 마련하여 바닷가를 산책하는 일상이다. 진정 사람들이 원하는 건 이렇듯 평범하다. 남편은 가족을 위해 전념하고, 아내는 남편과 자식을 위해 온 힘을 기울이는 것. 그것은 난세의 영웅호걸조차 꿈꾸는 행복 아닌가.

바윗돌 위에 흔들리지 않는 바위처럼 앉아 있는 모습이 그림처럼 아름답고 신선해 보였다. 크고 작은 자극에 흔들리지 않고 쓰나미처럼 몰려오는 세파도 그들에겐 아무것도 아닐 것이다. 그 평온한 모습에 한동안 움쩍할 수 없었다. 부서지는 파도마저 세 사람을 어찌하지 못하는 듯하다. 그들에게 방해가 될까 싶어 조용히 발걸음을 옮겼다. 섣달의 짧은 낮은 기울어 가고 겨울 해는 등마루에 잿빛 어스름을 남겼다.

자갈길을 벗어나 산책길로 올라왔다. 내려다보니 소나무 가지 사이로 그 가족이 여전히 어깨를 기대고 앉아 있는 게 보인다. 기대어 산다는 건 얼마나 좋은 일인가. 홀로서기를 바란다는 유행가 가사도 사실은 기대고 싶은 마음을 반어적으로 읊고 있는 게다. 서로를 믿고 이겨 낼 수 있는 언덕이 되어주기를 진심으로 바랐다. 그들이야말로 한 폭 수묵화 속의 주인공이며 이중섭이 그려낸 이상적인 가족이라 여겨진다.

그림처럼 앉아 있는 모습이 숲에 가려 보이지 않을 때까지 뒤돌아본다. 조그만 행복에도 감사할 줄 아는 그들이 부럽고 남의 행복이 부럽기만 한 자아가 새삼 부끄럽다.

몽돌 해변의 가족은 그 후 오랫동안 기억에 남아 있었다. 미켈란젤로가 그린 〈성가족〉보다, 박수근 화백의 가족을 그린 그림보다 더 정겹고 보배롭다. 관계는 배려 하나에 따라 달라진다. 헌신하고 기다려주는 모습에 저절로 고개를 숙이는 순간, 바다를 배경으로 세 식구가 함께 있는 풍경은 내겐 잊지 못할 명화가 되었다.

  그림만이 명작이 되는 게 아니다. 정서와 감성이 오래 남는 것이 명작이다. 감동을 주는 것이면 사람이든, 나무든, 돌이든, 명작이 된다. 진정한 명화는 유명 화가의 붓끝에서 나오는 것이 아니라 보통 사람들이 살아가는 소소한 삶으로 그려진다.

빈 섬

그들을 만난 곳은 모 대학병원 정신과 병동이었다. 나는 당시 그곳에서 일주일에 한 번, 두 시간씩 미술 치료를 담당했다. 장기 입원하는 환자는 거의 없었고 서너 달 입원 치료하고 퇴원하는 경우가 대부분이었으며 도시 한복판에 있어도 외딴섬 같은 폐쇄 병동이다.

출입이 자유로운 개방 병동에 비해 인적이 거의 없는 무인도 같은 분위기였다. 대다수 환자는 햇볕에 말라가는 해초처럼 약물과 각종 치료로 무기력해져 있었다. 그림에 도통 흥미가 없어 보였지만 참석만은 꼬박꼬박 했다. 병동 규칙상 치료 프로그램에 참석하여야 병실에서 잠시 해방되는 외출이 가능하기 때문이다. 환자들의 참여를 유도하려는 방편이었을 것이다.

미술 치료는 조형 활동을 통해 마음의 상처나 내면세계를 드러내고 스트레스를 완화하는 심리 치료의 한 방법이다. 색과 형태를 표현하는 과정에 흐트러진 감정이 나타나고 숨겨진 자아가 은연중에 표출된다. 가면을 쓰고 연기를 끝낸 후 무대에서 내려온 배우의 맨얼굴이랄까. 무의식을 형상화해서 감정의 정화를 경험하게 하여 자아 성장을 돕는다.

 프로그램을 마치면 담당 의료진과 함께 환자들의 그림을 보며 변화된 모습에 대해 의견을 나눈다. 병원에서는 여러 생활 태도와 약물 효과를 종합하여 다음 치료 계획을 세운다고 한다. 퇴원하더라도 약을 임의로 중단하거나 음주 등으로 생활 방식이 바뀌면 다시 입원하는 악순환이 거듭되기도 한다.

 오랫동안 거울 앞에 앉아있는 환자가 있었다. 그녀는 주변 환우들과 대화하는 것을 피했다. 언제나 짙은 향수를 뿌리며 자신을 꾸미기에만 많은 시간을 보냈다. 건강하고 멋스러웠던 과거를 회상이라도 하듯 재입원할 때마다 개인용 서랍에는 화려한 색조의 화장품이 넘쳐났다.

 처음 대면했을 때는 감정이 없는 석고상을 보는 듯했다. 그녀가 그린 그림은 표정 없는 인물화가 대부분이었다. 색깔은 한두 가지만으로 표현하였고 그림에 관해 설명하는 것을 완강히 거부하기까지 했다. 나와의 만남이 익숙해지면서 조금씩 마음을 열었고 하얀 이를 드러내며 웃기 시작했다. 약물 치료와 예후도 나쁘지 않았다. 재입원한 지 두어 달이 지난 후 마침내 외출하게 되었다.

그녀가 외출한 다음 주였다. 늦여름 햇살에 지친 등허리를 기대고 싶은 오후였다. 평소처럼 별다른 생각 없이 병동으로 올라갔다. 다들 나와서 미술 수업하고 있는데 외출 갔다가 돌아왔어야 할 그녀가 보이지 않았다. 수업이 진행되는 내내 그녀의 부재가 마음에 걸렸다. 마치고 난 후 어이없는 소식이 전해왔다. 자기 집에서 극단적인 선택을 했다고 한다. 마음을 열기 시작했다고 믿었는데 갑작스러운 죽음에 맥이 확 풀리는 느낌이 들었다.

그녀의 개인적인 생활은 자세히 모른다. 단지 그림 속에 나타난 그늘지고 닫힌 마음과 가족에 대한 원망을 엿보았을 뿐이다. 하얀 벽에 부딪혀 전해 온 그녀의 외로운 웃음이 공명이 되어 기억 속에 오래 남아 있다.

산업재해로 입원한 사십 대 일용직 노동자가 있었다. 멀쩡하다가도 횡설수설하고 잠을 자지 못한다는 고통을 호소했다. 담당 의사도 종잡을 수 없는 그의 행동에 고개를 저었고 보험금을 노린 가짜 환자인가 해서 플라세보 약을 투여하기도 했으나 소용없었다.

입·퇴원이 반복되면서 감정 조절을 하지 못했고 망상은 점점 심해지기 시작했다. 백지를 가득 채운 숫자와 복잡한 선들, 그리고 의미 없는 단어를 어지럽게 나열하였다. 인물화는 누군가의 보살핌을 바라는 유아기적 사고를 확연히 보여주었다. 상상 속 여자 친구의 애정 속에 안주하는 표현이 되풀이될수록 그의 안색은 더욱 창백해져 갔다. 그림 속의 사랑은 허구적인 열망이었다. 결국 그는 장기 정신 병원으로 이송 절차를 밟게 되었다.

　누구든 주변 환경과 가까운 사람들의 영향을 받는다. 같은 부모에게서 태어난 쌍둥이도 환경에 따라 달라진다. 어쩌면 사람들은 가족과 함께 살고 있다 하더라도 혼자 떨어진 섬에서 산다고 생각할 수 있다. 갖가지 편리한 환경과 물건이 넘치는 도시일수록 단절되고 외톨이라는 피해의식이 더 심해진다. 그런 사고와 환경이 그들을 더욱 황폐시킨 것이 아닌가 한다.

　언제 끝날지도 모르는 그들의 힘겨운 투병을 7년 가까이 지켜보는 나 자신도 점점 지쳐갔다. 정서적으로 소진되었고 알 수 없는 절박감에 눌렸다. 병원의 치료 프로그램에서 하차하기로 했다.

　사람들 마음에도 저마다의 섬이 있다. 꽃과 숲이 어우러진 섬이 있는가 하면 푸석한 돌멩이만 뒹구는 무인도가 있다. 멀리서 보면 바다를 군림하듯 위용을 부리는 섬일지라도 가까이 가보면 버려진 땅도 있다. 망망대해 혼령처럼 떠 있는 섬이다. 무엇보다 자신을 제대로 추스르지 못한 빈 섬이기도 하다.

    외면하고 거부해 버린 그들의 삶을 반면교사로 삼으려면 힘든 일을 훌훌 털고 자신을 긍정적으로 보는 것이 필요하다. 때론 벼락 같은 화를 내고 감당치 못하는 슬픔에 잠기기도 하지만 마음을 다잡고 제 자리로 돌아올 때 비로소 나의 섬에 꽃 하나 심어지는 것이다.

    애당초 우리는 모두 빈 섬이다. 그곳에 생의 꽃을 심어나가는 것은 빈 종이를 그림 하나하나로 채워나가는 것과 다르지 않다. 어쩌다 여백의 종이를 대하면 그때가 생각난다. 그 사람들이 우리의 일부이며 바로 나 자신일 수 있다고 생각하며 꽃 그림을 그리기 시작한다. 지친 누군가의 영혼이 잠시 쉬어 갈 수 있는 곳이기를 기원하며 마음 꽃 서너 송이를 그리곤 한다.

    백지 위에 그려진 화도花島.

보금사 돌탑

 산길을 걷다 보면 모퉁이 곳곳에 작은 돌탑이 있다. 사람들이 오가며 하나씩 쌓아 만든 탑이다. 돌멩이 수만큼 많은 기원과 서로 다른 크기와 모양처럼 소원도 다양하다. 여러 돌탑이 모여 군락을 이루기도 한다. 무심코 지나칠 수 있는 무릿돌이 어느덧 사람들을 대신하여 천신에게 소망을 기원하는 신성물神聖物이 되어 있다.
 근처 산에 올랐다. 도심에 걸쳐져 있어 많은 시민이 즐겨 찾는 곳이다. 중턱을 지나 숲이 넉넉한 샛길로 접어들었다. 제법 걸을 만하고 가파르지 않다. 얼마나 걸었을까. 초여름 햇살이 숲 그늘 사이로 따끔거리자 땀이 나기 시작한다. 경사지 위로 쉴 만한 곳이 얼핏 눈에 띄었다.

그곳에 편편한 돌들이 놓아져 있다. 자연적으로 형성된 것이 아니고 자주 오는 등산객이 정성스레 다듬어 놓은 듯하다. 두세 명은 족히 쉴 수 있는 공간이다. 혼자서 했다면 많은 시간과 노력이 필요했을 것이다. 산자락 경치를 보며 쉬고 있다가 무심코 뒤쪽을 보니 넝쿨과 이파리가 푸른 기둥처럼 우뚝 서 있는 곳이 눈에 띄었다. 그때는 예사로 보고 넘겼다.

늦가을이 접어들 무렵 다시 그곳을 찾게 되었다. 물기가 없는 곳인지 나뭇잎은 반쯤 떨어지고 뿌리는 동면에 들어갈 준비를 하고 있다. 주변의 나무들도 잎을 떨구면서 시야는 더욱 훤히 다가왔다. 무성했던 나무에 가려져 보이지 않았던 도심의 경관이 두루 펼쳐졌다.

뒤쪽에 봉긋하게 숲 기둥을 이루던 곳도 잎이 지고 줄기만 얽혀져 있다. 자세히 보니 돌을 엉기성기 쌓아 올린 것이 영락없는 탑 형태다. 누군가 작정하고 하나하나 쌓아 올린 것 같다. 넝쿨 줄기가 돌무더기를 둘둘 감싸고 있는 걸 보아 꽤 오래 서 있었던 모양새다. 높이는 내 키를 훌쩍 넘고 외형은 낡은 절의 범종과 흡사하다.

석탑일까 석종일까. 외진 곳에 홀로 서 있는 돌탑에 마음이 닿았다. 그 후 몇 번 더 들리면서 친숙한 사이같이 점점 편안해지기 시작했다. 숲속, 비밀의 공간처럼 둘러싸인 장소가 새

둥지의 보금자리처럼 아늑하다는 뜻으로 보금사라는 특별한 나만의 이름을 지었다.

내가 앉은 자리에서 좌선하고 도심을 내려다보며 마음을 다스렸을 어떤 이의 모습이 떠올랐다. 앉은 자리가 법당이고 내려다보는 곳은 검불 같은 중생이 허덕이는 사바세계다. 그렇다면 그 사람은 오직 정토를 바라는 수도사가 아니었을까. 갑자기 숙연해진다. 마음과 의지를 담아 공들여 탑을 쌓아 올릴 동안 그 사람은 무슨 생각을 했을까.

무념무상. 생각을 멈추고 오로지 돌을 나르고 쌓으며 마음을 비웠을까. 아니면 그런 자기 모습을 보며 해탈을 꿈꾸었을까. 먹먹한 마음이다. 돌을 올려 소망의 돌탑이 되기를 빌기도 하고, 마음을 다스리는 석종이 되기를 꿈꾸며 기도했을 수도 있다. 어쩌면 바람이 당좌撞座를 때려 그 울림으로 번뇌에 사로잡힌 중생들에게 부처의 말씀이 설파되기를 원했을지도 모른다.

보통 사람들은 돌을 얹을 때 어떤 마음일까. 올릴 때만큼은 정성스럽고 경건한 마음을 가질 것이다. 석가탑을 만든 아사달도 같은 마음이 아니었을까. 부처의 존엄을 위해 한 단 한 단 심혈을 기울여 올렸을 것이다. 아사녀의 눈물과 그리움을 뿌리치며 오직 탑에만 매달린 정성으로 천년을 이어 온 신념의 탑이 되었다.

　소원의 돌탑은 강물 속에도 있다. 맑은 강에 사는 어름치는 산란기가 되면 흐름이 느린 여울에 알을 낳은 후 다시 자갈을 덮어 산란 탑을 쌓는다. 작은 물고기가 돌을 입에 물고 헤엄칠 때 머릿속에는 오로지 알을 지키겠다는 본능 하나만이 가득 차 있을 것이다. 생명을 걸고서라도 보호해야 하는 자신의 분신임을 알고 있었을까. 그 탑에는 간절함과 희망이 켜켜이 쌓여있다.

　산속 외진 곳, 온통 푸른 잎을 뒤집어쓰고 은둔자의 모습으로 넝쿨에 제 몸을 내어준 돌탑. 지친 여정이 끝나는 겨울이 되어서야 멍에 같은 넝쿨을 벗고 비로소 하늘을 보는 탑의 소망은 단 하나. 자신을 통해 생명을 얻으라는 것 아닐까. 그 소원이 비바람에도 흔들림 없는 바위처럼 제 자리를 지키고 있지 않나 생각된다.

　그 돌 하나하나에 부처가 앉아 있는 것 같았다. 꼿꼿이 앉아 자기의 몸을 보시하는 등신불이다. 탑은 해탈을 원하는 자의 신념이다. 어름치도 아사달도 많은 것을 희생하며 자신의 신념을 탑으로 올렸다. 수억 년을 반복하고, 천년의 세월을 묵묵히 견디며 내려왔다. 저절로 두 손이 모아진다. 고개 숙여 합장했다. 보금사 돌탑도 결연히 서서 세상을 묵시한다.

사람들은 마음의 탑을 쌓으며 살아가는 의미를 깨달아 간다. 햇살이 비춰도 비바람이 불어도 하나씩 올리고, 계절이 바뀌어도 세월이 흘러도 묵묵히 염원을 쌓는다. 자신만의 탑을 만들어 간다. 기단도 탑신도 존재하지 않지만, 진심의 표상이 되어 마음을 세운다.

보금사 돌탑에 가는 길이면 복잡한 심경을 내려놓고 숙연해진다. 길섶에 비스듬히 누운 나무도, 얽혀 있는 들풀도 모두 신심의 형상이다. 중생을 교화하기 위해 때에 따라 여러 가지 모습으로 이 세상에 나타난다는 관세음보살 또한 이럴까. 보금사에 오르는 발걸음은 언제나 조심스럽고 겸손해진다. 나도 나만의 돌탑을 하나씩 쌓아가고 있다.

5부
글 여행자

글 여행자

여름 빈객賓客

그 여자의 신발

월명동 그 동네

덜컥

해 할머니

글 여행자

　버스 터미널에 가면 많은 사람이 바삐 움직인다. 멀리 떠나는 사람, 가까운 곳으로 여행하는 사람, 삼삼오오 또는 혼자서 갈 길을 재촉한다. 떠나고 도착하는 사람으로 늘 붐비는 곳. 많은 사연을 담고 떠나기도 하고 되돌아오는 동안 터미널의 하루가 저문다. 그곳에 가면 어디로든지 떠나야 할 것 같은 분위기에 젖는다.
　정류장에는 도착지와 출발시간이 쓰인 큰 간판이 매표소 위쪽에 버티고 있다. 마음 급한 승객들은 타고 갈 버스가 들어오길 기다리며 승차장에 미리 서 있다. 손님을 태운 버스는 조심스레 후진하고는 주차되어 있는 많은 버스 사이를 곡예하듯 빠져나간다. 버스에 앉은 사람들은 창밖을 내려다보며 찾아갈 고향을 생각하기도 하고 여행지에 대한 기대로 들떠 있기도 하다.

　나에게는 글 정류장이 있다. 글을 쓰기 시작하면서 떠오른 기억 저편의 잔잔한 수채화 같은 한 문장, 가슴에 남는 문구 한 줄. 누군가 툭 내뱉는 말 속에 가슴 때리는 단어들. 에피소드 하나. 이런 글귀들을 글 여행자라 여기며 틈틈이 모아 두었다.

　정류장에 있는 글 여행자들을 두루 살펴본다. 목적지가 분명한 단락이 눈에 들어온다. 그 글에 살을 붙이고 옷을 입혀 여행 가방을 들린다. 단어 하나가 초석이 되어 나의 깊은 내면을 건드리고 잊었던 기억을 건져 올린다. 고통의 흔적을 토로하며 카타르시스를 향해 돌진한다. 어느덧 한 편의 수필이 되어 유유히 떠난다.

　목적지를 정하고 떠날 시간만을 기다리는 문장은 조용히 미소를 짓는다. 힘들고 소란스러웠던 날도 돌이켜 보면 아름다운 것. 눈물 나는 일도 이제는 자꾸만 웃음이 난다. 마음을 비우니 글도 편안하고 여정旅程도 순조롭다.

　완성되어 가던 어떤 문장은 불현듯 정류장으로 되돌아온다. 수필 내용에서 너무 많거나 중복되어 편집하는 경우이다. 이어질 듯 이어지지 않는 이야기가 있는가 하면 한 페이지 가득 메우고도 미흡한 것도 있다. 숨기고 싶은 내용일까. 나 혼자

만의 독자로 만족하고 정류장에 터줏대감으로 자리 잡을 태세다.

　오래 머물고 있던 에피소드 한 편은 어느 날 불현듯 떠나기도 한다. 해사한 꽃잎들이 바람길 따라 나뭇가지에서 떠나듯 글 길을 따라나선다. 추적추적 비 오는 오후, 미련을 못 버린 연인처럼 떠나는 버스에 머뭇머뭇 오르는 문장도 있다. 오매불망 기다리며 묵묵히 앉아 있는 문장이 있는가 하면 한참을 기다려도 출발하지 못하는 단어들이 있다. 언젠가 떠날 날이 오기를 기다리며 정류장에서 서성이는 글 여행자가 되어 있다.

　여행은 어디로 가서 어떻게 대처하느냐에 따라 여행의 성공 여부가 결정된다. 어떤 선택에도 흔들리지 않고 발길 닿은 낯선 곳을 최상의 조건으로 만든다. 맞닥뜨린 상황을 받아들이고 즐긴다는 마음으로 대처하는 것이다. 순간의 선택에 후회하지 않고 긍정적으로 받아들일 줄 알아야 한다.

　언젠가 목적지를 정하지 않고 먼저 출발하는 버스를 타기로 하고 시외버스 정류장으로 간 적이 있다. 가장 많은 차편이 있는 통영행 버스에 올랐다. 경치가 수려하고 볼거리가 많으며 대중교통편도 잘 마련되어 있다. 여린 햇살은 어느덧 중천 위를 지나고 연둣빛 잎사귀는 낯선 길 위에 선 여행자를 환한 미소로 맞이한다. 주택가에 있는 전혁림미술관과 통영 앞바다를 내려다보는 박경리기념관으로 갔다. 시작은 우연이었지만 주어진 여건을 충분히 활용하여 가치 있고 충만한 여행을 했다.

글도 마찬가지다. 문장이나 단어 하나는 어떻게 만들어 가느냐에 따라 의미 있는 글로 만들어진다. 부석사의 기둥을 보며 메모했던 한 줄의 글은 장손인 아버지가 짊어진 무거운 삶을 풀어내고 시든 꽃을 마주하며 일찍 저물어버린 후배의 인생을 그려낸다. 갯내라는 낱말에는, 묻혀 있던 어린 시절 추억이 고구마 줄기 엮여 올라오듯 주렁주렁 펼쳐진다.

글을 쓰다 보면 자신을 들여다보는 때가 많다. 어떤 문장은 담담하게 시작했는데 쓰다 보니 나도 모르는 슬픔과 분노가 가득 찬다. 묻어두고 덮어진 이야기로 시작했는데 단어 하나, 문장 한 줄에도 자신이 미처 느끼지 못했던 감정이 묻어나기도 한다. 사람들의 가슴속에 잠들어 있던 기억, 가면으로 포장된 체면과 허세, 이런 것은 빨리 해소할수록 정신 건강에 좋다.

정류장에는 휴식하고 힐링하고자 떠나는 사람들이 있다. 여행을 통해 긴장을 풀어 놓고 낯선 환경을 즐기려 한다. 다른 곳을 봄으로써, 색다름을 발견하고 새로운 경험을 통해 삶을 변화시킬 에너지를 얻기도 한다. 무엇보다 또 다른 나를 발견한다. 그것이야말로 여행의 가장 귀중한 목표가 아닐까. 떠난다는 것은 자유를 향해 오롯이 나를 던지는 행위다.

우리는 인생 여행자다. 끊임없이 떠나고 떠난다. 그곳이 자기가 바라던 곳이거나 혹은 그렇지 않더라도 변화를 위해 기꺼이 모험을 마다하지 않는다. 떠날 때는 몸도 마음도 훌훌 털고 가볍게 나서자. 비워낸 만큼 자신의 소신과 철학을 담고 한층 성숙한 자아로 돌아올 것이다. 그렇지만 너무 무겁게는 담지 말자. 그 무게에 눌릴 수 있으니까.

돌아올 때는 무엇을 얘기하고자 하는지 담담히 들여다보아야 한다. 글을 쓰며 용서하고 뉘우치고 눈물로 화해한다. 글을 쓰는 동안 자신을 정화하고 성찰한다. 이렇게 인간은 또 한 번 발전한다. 가슴으로 공감하고 추억으로 사유하면서 한 걸음씩 나아간다.

내 정류장에는 아직도 많은 글 여행자들이 떠나지 못하고 있다. 하고 싶은 말, 전하고 싶은 내용이 목적지로 출발하지 못하고 정처 없이 서성이고 있다. 언젠가 그들이 자유로운 여행자가 되어 훨훨 떠나길 기원한다.

여름 빈객賓客

(미물) 나는 완벽한 몸매를 가졌다. 많은 여성이 부러워하는 작은 얼굴과 날씬하고 긴 다리, 개미보다 더 가는 허리를 가졌다. 성격도 까탈스러우면서 도도하다. 부른다고 그냥 다가가는 법이 없다. 내가 필요하다고 확신할 때만 스스로 다가간다. 식성 또한 특별하여 배고프다고 아무것이나 먹지 않는다. 향기롭고 신선한 날것 그대로를 즐긴다.

내가 나타나면 모두 열광하고 손뼉을 친다. 나는 환호하는 그들에게 우아함을 뽐내며 천천히 다가간다. 모두 나와 눈이 마주치면 얼어붙은 듯 멈칫한다. 놀란 그들을 위해 몇 번 뒤로 물렀다가 방심할 때 서서히 나의 존재를 확실하게 알린다. 그들은 탄성 같은 비명을 지르며 두 팔을 흔든다. 분명 환영의 손짓으로 보인다. 나도 기쁘다. 이렇게 열렬히 환대할 줄 몰랐다. 어둠이 내리면 조용히 달콤하게 속삭인다.

(인간 A) 한밤, 비몽사몽간에 귀 옆에서 데시벨이 높은 소리가 들렸다. 애~앵…. 누가 작은 목소리를 모기 같은 소리라 했는가. 급박한 소방차 사이렌 소리보다 파장이 높다. 잠이 멀리 도망간다. 잡아야 한다. 잠도 잡고 모기도 잡아야 하는 중대한 사명을 띠고, 전장의 장수가 비장하게 칼을 잡듯 모기채를 잡고 조용히 때를 기다린다. '그래 오기만 해라. 가만두지 않으리.' 팽팽한 기싸움이 이어졌다. 서로가 지치기를 기다릴 즈음, 애~앵 소리가 다시 들렸다. 그놈이 먼저 움직인다. 전기 모기 채를 잡은 손이 긴장한다. 조금 더 기다려야 한다. 사정거리에 들어오는 순간, 힘껏 휘둘렀다.

 '탁 따딱' 한 미물이 산화하는 순간이다. 조의를 표해야 하지만 마음은 통쾌하고 시원하다. 그놈의 시신을 확인하고서야 자리에 눕는다. 그럼 그렇지. 이제 나의 전투는 승리로 끝났으니 하루의 피로를 풀어줄 잠으로의 여행을 떠나 볼까. 그런데 애~앵하는 소리가 귀 옆에서 다시 들렸다. 설마 그새 부활한 건 아니겠지. 오늘 숙면은 틀렸다. 그들과의 야간전투를 계속하거나 이불을 방호막 삼아 푹 뒤집어쓰고 항복하든지….

(인간 B) 낮에 책을 보며 망중한을 즐기고 있을 때였다. 팔뚝에 괴물도 아닌 것이 괴물보다 더 독한 놈이 내려앉는다. 다른 무기를 챙길 겨를이 없다. 빠르고 원시적인 무기인 손바닥으로 내리친다. 그놈은 더 빠르다. 행방도 묘연하다. 잠시 후 눈앞에서 또 알짱거린다. 두 손으로 '따악' 친다.

손뼉 소리만 찰지게 들리고 그놈은 잽싸게 도망갔다. 책 삼매경은 멀리 가버렸다. 책을 보고 있는 척 그놈이 오기를 숨죽여 기다린다. 아니나 다를까 나와 전쟁을 치르기 위해 입에 독화살을 장착하고 나를 향해 활공하고 있다. 공손히 두 손 모으고 맞이할 순간이 왔다. 손뼉을 두세 번 연달아 친다. 그놈은 피를 산발한 채 뭉개져 있다. 승리의 희열을 느끼지만, 뒤처리가 꺼림칙하다. 인상 한번 쓰고 휴지로 쓰윽 닦는다.

전쟁 기간은 장미가 필 무렵 시작해서 코스모스 피는 가을이 오면 끝이 난다. 찬바람이 둘 사이를 갈라놓으면 비로소 휴전이다. 겨울과 봄 동안 잠잠했다가 물고 물리는 전투는 매년 여름이면 되풀이된다.

인간 곁에 머물다 계절과 함께 사라지는 그들은 인류와 얼마나 오래 함께했을까. 최소한 그들과 공존해야 한다면 인간은 침착하게 대응해야 한다. 그들을 멸종시키려 생각하니 생태학적인 부분에서 인류 발전에 이바지한 바가 적지 않다.

모기는 일억 칠천만 년 전 쥐라기 시대, 지금의 남아메리카 대륙에 처음 등장했다고 한다. 지금 모기 크기의 세 배나 더 큰 종이었다. 모기와 유충인 장구벌레는 여러 생물의 먹잇감이 되어 생태계를 유지시켜 준다. 추어탕 재료인 미꾸라지도 모기 유충으로 몸을 토실하게 키운다. 생태계의 순환에 큰 역할을 하면서 몇 겁의 세월을 동행하고 있다.

　모기가 주는 인류의 피해는 사실 막심하다. 모기는 말라리아나 뇌염 등을 일으킨다. 파나마운하 건설 당시 노동자들이 모기에 물려 황열과 말라리아로 공사가 일시 중단되기도 했다. 기원전 2세기경 대제국을 건설한 알렉산더 대왕은 열병으로 사망했다. 일설에는 말라리아의 대표적 증상인 고열에 시달리다 사망했다는 얘기도 있다. 서른두 살 젊은 나이인 그가 모기에게 물리지 않았다면 지금 세계 역사는 바뀌어 있을 수도 있다.

　모기는 엄청난 생존력과 번식력을 가지고 있다. 손가락 깊이의 고인 물 정도면 충분히 알을 낳아 번식할뿐더러 한 개체의 순환 주기도 매우 짧다. 모기는 평소에는 놀랍게도 꽃 수분 해주고 식물의 즙이나 이슬을 먹고 살지만, 알을 가졌을 때는 단백질 보충을 위해 동물이나 사람을 공격한다. 결국 사람을 무는 모기는 암컷이다. 우리는 그 암컷 모기를 '이놈의 모기'

라 말한다. 역시 가해자의 대표성은 여성 명칭보다 남성 명칭이 더 어울리나 보다.

모기는 평등주의자이다. 평민과 귀족의 신분을 가리지 않는다. 산골 마을의 외양간도, 존귀하신 임금님의 지밀도 거리낌 없이 들락거린다. 모기가 성가시고 위험하지만, 계급, 인종, 종교 등을 초월한 그들의 공평함에 한 번쯤 돌아볼 만하다.

모기는 여름이 되면 반드시 나타난다. 그런데 도시 생활에서는 시골보다 확실히 찾기 힘들다. 필시 정교해진 각종 모기 박멸 장치 때문일지도 모르겠으나 어찌 보면 모기가 살 환경이 아니기 때문일 것이다. 모기는 분명 살 만한 지역에 산다. 그렇다면 도시야말로 사람도 모기도 살기 어려운 곳인지도 모른다.

어떤 미물이든 인간과 인연 없이 오랜 세월 동행할 수 없다. 그렇다면 모기는 여름마다 찾아오는 성가신 존재가 아니고 사람이 살 만한 곳이라고 가르쳐 주는 빈객賓客이 아닐는지. 물론 그 귀한 손님을 맞이하기에는 많은 고초와 고통이 뒤따르기도 하지만….

그 여자의 신발

각양각색의 신발이 계절을 꾸민다. 코가 뾰족하고 날씬한 구두가 있는가 하면 뭉툭하고 납작한 신발도 보인다. 털이 꽉 찬 구두와 한복에 어울리는 꽃신도 얌전하게 자리해 있다. 운동화도 빠질 수 없는 아이템이다. 신발마다 자신에게 어울리는 시절이 오면 선택되기만을 간절히 기다린다.

제 계절이 왔다고 모두 외출의 즐거움을 기대할 수 없다. 신발장 문이 열리기를 숨죽이고 기다리지만 간택되는 건 오직 한 켤레뿐이다. 화려한 매장에서 낙점되어 그녀의 집으로 왔을 때 기대에 한껏 부풀었던 시기가 생각보다 짧다. 새 친구가 들어올수록 바깥으로 나오기는 점점 어려워진다.

어떤 장소로 가느냐에 따라서도 종류가 달라진다. 진중한 자리에 초대되었을 때는 정장용 구두가 동행한다. 산에 가면 앞코가 튼실한 등산화가 뽑힌다. 현관에서 항상 대기하는 행운을 가진 신발이 있긴 하다. 집 앞 마트에 가거나 분리배출을 하러 갈 때 수행하는 슬리퍼다. 이유는 오직 편하다는 장점뿐이건만 어떤 조건보다 앞선다.

굽 높은 구두는 몇 년째 제자리다. 간혹 애틋한 눈길을 받기는 하지만 현관에서 잠시 신어 본 주인은 고개를 가로젓는다. 이번에도 최종 탈락이다. 언제부터인가 그녀는 외모가 평범하고 굽이 낮은 구두를 외출 동반자로 자주 삼는다.

이십 대 때의 그녀는 그림을 그렸다. 테레핀 기름 냄새나는 화실의 이젤 앞에서 밤을 새우거나 산으로 들로 야외 스케치하러 다녔다. 청춘을 채색하던 그때의 운동화는 물감 기름으로 얼룩졌고 앞코가 찢어져도 낭만으로 꿰맸다. 어쩌다 막걸리 국물이 떨어지는 일이 있어도 아랑곳하지 않았고 당당하게 함께했다.

가끔 멋도 부렸던 그녀였다. 당시 유행하던 폭이 넓고 긴 판탈롱 바지에 굽 높은 구두를 신고 친구들과 번화가의 한복판을 휩쓸고 다녔다. 온종일 다녀도 지치는 법이 없던 그녀였다.

세월 따라 그녀가 바뀌었다. 불편해도 예쁘고 다리 맵시를 과시하던 젊은 시절과 달리 낮아도 편안함에 조건을 두게 되었다. 건강이 우선이라는 새로운 기준을 만들었다. 조금만 걸어도 다리에 무리가 온다. 구두로 인한 무지 외반증이나 골절에 의한 부상은 지금 나이에는 치명적일 수 있다. 외모보다 건강이 우선이니 신발의 겉모양보다 안전을 우선으로 한다.

 사회관계도 그런 것 같다. 화려한 겉치레보다 믿음직한 친구가 먼저다. 격식을 차려야 하는 어려운 지인은 어쩌다 만나진다. 대면하고 있는 동안 내내 긴장되고 불편하다. 부르면 언제든 달려 나가는 편한 친구는 자주 보게 된다. 번개모임이 재미있고 톡과 통화로 약속 잡아 떠나는 여행도 좋다. 그들은 꾸미지 않고 티격태격해도 뒤끝이 없다. 그런 친구와 동행은 신발로 치면 편한 운동화와 같다.

 인류의 신발은 약 4만 년 전부터 시작되었다. 추위와 거친 길로부터 발을 보호하기 위해 풀과 짐승의 가죽이나 털을 이용했다. 지역에 따라, 갈대를 이용하거나 나무껍질 등 주변에서 쉽게 구할 수 있는 재료로 만들기도 했다. 문헌에 기록된 최초의 신발은 기원전 2천 년 경, 이집트에서 파피루스를 이용해서 만든 '샌달리온'이다. 세월이 흘러 지금의 샌들이란 이름으로 변했다.

 우리나라의 경우 기원전 7세기경 고조선 시대의 유물로 추측되는 청동단추로 장식된 가죽 장화가 전해 오고 있다. 부여국에서는 가죽과 짚으로 만든 신을 신었다는 기록이 남아 있다. 짚신은 고대 농경 사회에서 시작되었고 지금도 만들고 있는 대표적 서민 신발이라 할 수 있다.

20세기 무렵 제화용 재봉틀의 발명으로 튼튼하고 저렴한 신발이 보급되었다. 여성의 사회 진출이 활발해지면서 실용적인 신발이 패션 아이템으로 발전했다. 초기에는 발을 보호하기 위해 신었으나 이제는 취향에 맞게 디자인된 신발을 많이 신는다.

동화 속 신발에 투영된 인간의 욕구를 살펴보면 안데르센의 빨간 구두는 인간의 멈출 수 없는 욕망을 나타낸다. 끊지 못하는 악마의 속삭임으로 파국의 위기에 놓인 소녀는 잔혹한 대가를 치르고 나서야 자유를 얻을 수 있었다.

신데렐라의 유리구두는 신분 상승의 상징이다. 가난한 아가씨가 벼락출세한 이야기 속에는 착하고 순종적이면 모든 것이 이루어진다는 여성 폄하적인 요소가 담겨 있다. 여자든 남자든 지금도 상대에게 의존해서 신분 상승하려는 신데렐라 콤플렉스가 많이 있다. 지금의 유리구두는 무엇으로 변했을까. 수단과 방법을 가리지 않는 혼탁한 사회의 동아줄로 전락한 건 아닌가. 유리구두가 이기적인 현대인의 영악한 선택이 되지 않기를 바라는 마음이다.

그녀의 신발은 밝고 환한 꽃길만 다니지 않았다. 젊은 날 어둡고 답답한 사회의 한 모퉁이에서 작은 목소리라도 보태기 위해 매캐한 연기가 넘실대는 깨어진 보도블록 위로 나서기도 했다. 그때 신발은 주인의 마음보다 더 너덜너덜했다. 이제는 좀더 나은 미래를 위한 그녀의 믿음직한 동행자가 되어가고 있다.

신발장의 신발들은 주인의 손길을 기대하며 하루를 맞이하건만 요즘은 통 외출하는 기미가 없다. 코로나가 돈다는 심상찮은 현실 때문에 현관의 슬리퍼들만 제 소임에 바쁘다. 다른 신발들은 자가 격리 생활을 힘겹게 이어오고 있다. 언젠가는 활동적인 일상이 돌아올 거라 기대하며 꿋꿋이 버티고 있다. 예전의 상식적인 그녀와 신발의 평범한 하루를 응원하며….

월명동 그 동네

새벽 다섯 시를 알리는 알람 소리에 깜짝 놀라 눈을 떴다. 급하게 화장하고 전날 미리 챙겨둔 여행 가방을 들고 서둘러 나섰다. 시월 초순인데도 새벽 공기가 제법 차가웠다. 길 위에는 떨어진 잎들이 여기저기 함부로 누워 있다. 서걱거리는 잎들을 밟으며 발걸음을 재촉했다.

고속버스는 서둘러 하루를 시작하는 승객을 태우고 탁 트인 도로를 내달렸다. 여명이 걷혀가는 가을 들녘은 운무가 피어오르는 강가의 풍경처럼 아련하다. 버스는 두 시간 가까이 달려 산청 휴게소에 잠시 멈추었다. 지리산 자락인 산청의 아침 공기는 한 서린 바람처럼 차고 시렸다. 목에 두른 머플러를 한 번 더 휘감고 휴게실로 종종걸음 걸었다.

전라도 쪽으로 접어들고 얼마 지나지 않았다. 낮은 산들이 드문드문 보이고 널따랗게 펼쳐진 논들은 노오랗게 변해 끝없이 이어졌다. 그야말로 곡창지대다. 풍년의 가을을 만끽했다. 산도 나지막하고 둥글둥글 순해 보였다. 경상도에서 보던 거칠고 투박해 보이는 산들과 느낌이 달랐다. 장터에서 사 온 강아지가 양지바른 구석에 웅크리고 있듯 가만히 햇빛을 받으며 논 사이에 앉아 있었다.

드디어 군산에 첫발을 디뎠다. 터미널은 시골 버스정류장처럼 낡고 비좁았다. 읍내 같은 분위기는 가라앉아 있고, 정체된 느낌이 들었다.

군산은 일제의 쌀 수탈 전진기지였다. 호남, 김제평야에서 수확한 수많은 쌀을 실어 날랐던 통로였다. 백여 년 전 이미 대규모 선박 여러 척이 정박할 수 있는 항구와 철도 시설이 지어졌다. 여러 개의 근대 은행, 세관, 곡물 창고 등 도시로서 손색없이 모든 기능을 갖추었다. 식민지 정착을 위한 일본 근대 문화가 서울 못지않게 뿌리내린 곳이 군산이다. 하지만 해방 후 개발에서 소외되면서 지나간 세월을 껴안은 건물들이 그대로 잠들어 있다.

월명동으로 갔다. 그곳은 일본이 패망하면서 버리고 간 적산 가옥이 남아 있는 동네다. 예약한 숙소에 짐을 맡기고 동네를 돌아보기로 했다. 골목에 들어서는 순간, 나의 유년 시절로 되돌아간 느낌이었다. 내 고향 부산 보수동은 일본 강점기 시절에 일본인들이 모여 살던 곳이었다. 그곳에서 태어나고 초등학교 4학년 때까지 살았다. 그 집과 비슷한 집이 월명동에 군데군데 남아있다. 어린 시절, 집 외벽 창문의 촘촘히 세워진 나무 창살에 매달려 놀던 추억이 있는 곳이기도 했다.

그때 동네 골목에는 아이들로 넘쳐나 항상 시끌벅적했다. 비슷한 가옥에서 사는 또래 아이들은 같이 어울리는 것만으로도 재미있었다. 흙먼지 날리는 골목길에서 삐죽이 튀어나온 돌부리에 걸려 자주 엎어지면서 무릎이 성할 날이 없었다. 비 오고 난 뒤 물고랑이 생기면 웅덩이를 만들어 찰방거리고 놀았다. 모든 것이 부족한 시대였지만 아이들의 마음은 나름 풍족했다. 해거름 저녁이면 집집마다 밥 먹으라는 어머니의 부름이 골목마다 이어지면 아이들은 하나둘 집으로 돌아갔다. 그때의 추억은 지금도 아련하다.

보수동 우리 집 내부는 어쩐지 어두웠던 것으로 기억된다. 시꺼먼 목조 화장실은 밤에 혼자서 갈 수 없는 공포의 장소였다. 나무 현관문은 언제나 뻑뻑했고 겨울밤 다다미는 추위를 막아주지 못했다. 나는 언니 둘 사이에 누웠고 자연스럽게 세 딸은 한 이불을 덮고 잤다. 나와 터울이 많이 있는 두 언니는 밤마다 뭔지는 모르지만 속닥거리며 이불을 들썩이고 웃었다. 영문도 모르면서 따라 웃었다. 같이 있는 것만으로도 편안하고 행복했다는 기억은 그립고 아름답기까지 하다. 새 다다미에서 나오는 시큼한 골풀의 냄새와 노르스름한 색깔은 아직도 어린 시절 한 조각 추억으로 남아 있다.

일제 강점기는 수탈과 착취를 당하며 변방으로 내몰린 굴욕의 시절이다. 우리가 걸어왔던 발자취이긴 하나 숨기고 싶은 상처다. 군산은 호남의 비옥한 땅에서 생산된 쌀을 일본으로 실어 내는 기지 역할을 했기에 일제 강점기의 흔적이 다른 곳보다 많이 남아 있다. 적산 가옥도 무조건 외면할 것이 아니라 역사의 산증인으로 보존할 필요가 있지 않을까.

과거를 잊은 민족에게는 미래가 없다. 역사라는 거울을 보며 우리가 해야 할 일은 스스로 강해져야 한다는 것이다. 삼십여 년 치욕의 시간을 반면교사로 삼아야 한다. 자랑스러운 역사는 아니어도 부끄럽지 않은 민족이라는 것을 당당히 말할 수 있어야 한다.

우리 땅에 세워진 일본식 목조 주택들은 일제 침탈의 아픈 상처다. 과거와 현재가 뒤엉킨 월명동의 집들은 개발과 보존이라는 갈림길 앞에 섰다. 집들은 쇠락하고 대부분은 그 원형을 잃어버렸다. 큰 길가의 적산 가옥은 오가는 관광객의 공복감과 구매욕을 자극하는 특색 없는 상업 지구로 변해 있었다. 그 옛날의 영화를 뒤로하고 뭇사람들의 추억과 회상의 장소로만 남아 있다.

   월명동의 옛 거리는 애달고도 쓸쓸하다. 군산 여행은 소소했지만 아련한 내 어린 시절로 가는 시간이었다. 그리고 기억 속에 잠겨 있던 보수동 고향으로 가는 여행이었다.

덜컥

    덜컥 예약해버렸다. 친구 따라 강남 간다는 말이 있듯이 친구 따라 병원에 갔다가 예약한 것이다. 위와 대장을 수면 내시경으로 검사하는데 보호자가 있어야 한다는 부탁에 흔쾌히 약속했다. 대장 건강에 아무 문제가 없다는데도 폴립이 일곱 개나 발견되었다. 친구는 담담했건만 도리어 겁이 덜컥 난 쪽은 나였다. 그동안 한 번도 대장 내시경 검사를 한 적이 없었기 때문이다.

    어떤 행동을 할 때 사람들은 기질에 따라 내키는 대로 하거나 혹은 신중히 생각해서 한다. 돌다리를 두드리기도 하지만 주변 지인의 의견에 의심 없이 따르기도 한다. 별생각 없이 기분에 좌우되어 결정할 때 '덜컥'이라는 말을 쓴다. 준비되지 않앉을 때 불시에 갑작스러운 일을 당하면 심장은 희로애락의 분수로 마구 솟구친다. 이때가 '덜컥'이라는 심적 순간이다.

덜컥 주식을 샀다. 지인이 고급 정보라며 알려준 게 발단이었다. 일생 처음 주식시장에 입성하였지만, 결과는 참담했다. 다시는 주식을 하지 않으리라 다짐하고 그 일을 잊을 즈음 친구가 주식 투자해서 돈을 벌었다고 밥을 샀다. 다음날 증권 회사로 뛰어갔다. 몇 년을 묻어 놓을 거라 계획을 세웠건만 오르내리는 주식 장을 참지 못하고 팔아버렸다. 손해는 보았지만 그렇게 편할 수가 없었다.

큰아이가 네 살 때였다. 아침을 먹고 아들과 집 근처 목욕탕으로 갔다. 목욕을 마치고 아들 옷을 먼저 입히고 난 뒤 내 옷을 입고 있을 때 기절할 듯 우는 소리가 들렸다. 돌아보니 아이의 손가락에서 피가 철철 흘러 작은 손이 피투성이가 되어 있었다. 심장이 덜컥 내려앉았다. 탈의실 구석에 헬스용 자전거가 있었다. 빙빙 돌아가는 바퀴 체인의 움직임이 신기했는지 그 속에 손가락을 넣은 것이다.

그때부터 제정신이 아니었다. 머리는 젖은 채로 검지 손톱 아래쪽이 허옇게 뼈가 보이는 아이 손을 수건으로 지혈하며 병원으로 뛰었다. 어떻게 갔는지, 뭐라 소리쳤는지 기억은 나지 않지만, 의사가 뛰어나왔다. 간호사를 황급히 부르더니 바로 꿰매기 시작했다. 아이는 다친 손가락 때문인지 아니면 의사가 꺼내든 주삿바늘 때문인지 더 날카롭게 울었다. 아이를 꽉 잡고 있으란 말에 온몸으로 껴안으며 울었다. 아이에게 용기를 줘야 하는 어미가 아이보다 더 울고 있었다.

 다행히 성장한 지금, 꿰맨 자국만 희미하게 있을 뿐이다. 아들의 상처는 아물었지만 내가 받은 정신적 상처는 여전하다. 놀랍고 쓰라린 그 순간이 떠오르면 진저리를 치곤 한다.

 몇 년 전 모임의 회장으로 있는 분이 책을 한 권씩 나누어 주었다. 자신의 등단작이 실려 있는 월간 수필 잡지였다. 평소 글 쓴다는 것은 나와 너무나 동떨어진 분야였기에 멀게만 여겼다. 그분 역시 문학과 상관없는 분야에 종사하였는데 언제 수필 공부했었는지 소리 소문 없이 수필가로 등단한 것이다. 축하와 부러움으로 지켜보다가 이듬해 수필 아카데미에 덜컥 등록해 버렸다.

 그 후 이 년 가까운 세월 동안 수업에는 빠지지 않고 다녔지만, 글은 한 편도 쓰지 않았다. 강의는 들을수록 깊이에 매료되었지만, 수필 합평은 갈수록 혹독했다. 수필 쓰는 것보다 평을 받는다는 자체가 공포였다. 존재감이 드러나는 것을 경계했고 문우들과의 사적 모임도 피했다. 더이상 강의만 들을 수 없어 그만두어야지 하는 생각이 점점 들기 시작했다.

덜컥 당선되었다. 마지막이라 생각하고 따라나선 문학 기행에서 사행시가 뽑혔다. 그림으로 당선되는 건 흔했지만 글 쓰고 당선되기는 처음이었다. 내 글이 인정받을 수 있다는 작은 용기가 생겼다. 그렇게 글쓰기가 시작되었다. 첫걸음이라 비틀거리기도 했지만, 시작이 반이라 어느덧 등단도 했다.

　덜컥은 제 기능에서 일탈한 심장 박동으로 기쁨과 환희를 나눌 수 있고 슬픔과 공포를 경험할 수도 있다. 새로운 일을 시작할 수도 있고 가슴이 미어질 듯, 아픈 일들을 겪기도 한다. 덜컥은 비바람에도 견뎌내는 솔버덩의 야생초이지만 영롱한 이슬방울에는 연약하게 흔들리는 새벽 잎사귀와도 같다.

　대자연도 느닷없이 우리 앞에 그 존재를 내보이기도 한다. 매서운 날씨를 뚫고 나온 매화 꽃망울은 덜컥 봄을 불러낸다. 실개천도 줄기를 이루고 낭떠러지를 만나면 덜컥 폭포수를 쏟아 낸다. 바다의 잔물결은 느닷없는 높바람에 덜컥 허연 이빨을 드러내어 어부를 위협하고 하늘의 몽실 구름도 뒤쫓아 온 먹장구름에 덜컥 흩어지기도 한다.

　어버이들은 우리를 잉태할 때 덜컥 임신되었다고 말한다. 덜컥 사랑에 빠지기도 하고 덜컥 죽음을 맞이하기도 한다. 덜컥이라는 심장의 섬광은 한 사람을 나락으로 빠뜨리기도 하고 무리를 이끄는 수사자처럼 강하게 만들기도 한다.

돌아보면 살아오는 동안 얼마나 많은 희열과 무너짐이 이어졌는지 일일이 기억할 수 없다. 바람 소리에 덜컥거리는 저 문도 이젠 갈등의 아우성이 아니고 희망의 깃발이었으면 한다. 오늘도 갑자기 무슨 일이 일어날지 모르겠다. 행복한 덜컥이면 좋겠다.

해 할머니

연한 복숭아 잎 같은 작은 입으로 삐죽거린다. 낯을 가리는지 눈물 한 방울 그렁그렁 달고서 제 어미 품으로 파고든다. 마치 풀 속에 숨어 있는 노란 들꽃이 스치는 바람에 제 몸을 숨기는 것 같다.

돌 무렵, 유난히 낯가림이 심한 손녀는 눈만 마주쳐도 운다. 작은 얼굴과 꽃잎 같은 손은 보기만 해도 아까울 정도다. 한번 안아보고 싶어도 도저히 곁을 주지 않는다. 그렇게 한동안 애태우던 손녀는 차츰 친가가 눈에 익었는지 아니면 사회성이 발달하는 시기가 와서 그런지 웃고 안기기 시작했다.

아들이 결혼하면서 처가 쪽에 터를 잡았다. 며느리의 직장 때문에 아기가 생기면 친정어머니에게 맡겨야 해서 처가와 같은 아파트 단지로 둥지를 틀었다. 아들을 결혼시킨 언니들은 이제 너의 아들이 아니고 장모 아들이라 했을 때 가슴이 쿵 내려앉았다. 하지만 내 친구들은 처가 가까이 간다면 얼른 보내라 한다. 어떤 얘기가 맞는지 그때는 알 수 없었다.

장가보내고 일 년 반이 지날 즈음 손녀가 태어났다. 새벽에 걸려 온 전화를 받고 부리나케 병원으로 달려갔다. 분홍색 이불에 누워 있는 한 아기가 유난히 눈에 들어왔다. 선한 눈매와 가지런한 눈썹이 아들의 얼굴 그대로 복제되어 있었다. 웃음이 났다. 절묘한 DNA에 감탄했다. 내가 아들을 낳았을 때와는 또 다른 느낌이었다. 손녀를 보면 아낌없이 주고 싶고 바라만 보고 있어도 가슴속에서 뭉클한 그 무엇이 울컥 올라온다. 감동이고 감격이다.

두 돌이 지날 즈음 손녀가 말을 한마디씩 하기 시작했다. 제 나이를 말하며 손가락 세 개쯤 펼쳐내어 어른들의 마음을 기쁘게 하는 효심을 발휘한다. 제 어미의 조기교육 때문인지 제법 옹알거리며 단어를 조합하여 문장을 만드는 묘기를 펼친다. 그즈음 집에 오면 나를 부르는 특별한 호칭이 있었다.

'해 할머니.'

나는 해 할머니였다. 매일 어린이집에 데리고 다니는 외할머니를 할머니라 부르고 나는 해운대 사는 할머니라 해 할머니라 부르는 것이다. 그냥 할머니면 어떻고 해 할머니면 어떠냐. 살을 부딪쳐 살지 않아서인지 항상 한 발짝 뒤에 있었다. 그래도 세상 어느 사람보다 손녀를 가장 사랑하는 할머니인걸….

그즈음 며느리로부터 친정어머니 얘기를 들었다. 안사돈은 모임에 가도 손녀가 어린이집에서 하원하는 시각이 되면 어김없이 일어서야 했다. 반복되고 매여 있는 일상에 우울감이 올 것 같다는 사돈에게 미안했다. 아들 가족을 덜렁 맡겨 다른 새의 둥지에 알을 낳는 뻐꾸기 같다. 그래도 둘째 아들이 장가가면 역시 처가 가까이에 살았으면 하는 희망을 품어 본다.

손녀는 네 살이 되자 낯가림도 없어지고 잘 안기기도 한다. 여자아이라 그런지 화장대를 무척 좋아한다. 화장품을 장난감인 듯 가지고 논다. 여자란 태어나면서 여성성을 가지고 태어나는가 보다. 노는 것과 좋아하는 대상이 남자아이와는 다른 것 같다. 아기자기한 물건을 좋아하고 부끄럼을 잘 탄다.

그런 손녀에게 동생이 생겼다. 의젓한 누나 노릇을 잘한다. 터울이 많아서인지 잘 놀아주고 간식도 먹여준다. 아직 어린 여자아이지만 양보도 잘하고 형제간의 우애도 좋다. 자잘한 육아를 곧잘 돕는다. 천생 여자다.

둘째는 남자아이라 성향이 다르다. 움직이는 차를 좋아하고 빙빙 돌아가는 물건에 흥미가 많다. 인류의 흐름이 그러한가. 남자는 사냥하며 뛰어다니고 여자는 아이를 키우고 들에 가서 열매를 따고 주워 담는다. 그런 수만 년의 세월이 성의 정체성을 정립시킨 것이 아닌가 한다. 두 손자의 개성은 여와 남의 차이만큼 크다.

초등학교에 입학한 손녀는 요즘 학교 숙제가 싫다고 가끔 투정을 부리기도 한다. 그래도 꼬박꼬박 해가며 익숙해지려 노력하는 모습이 대견하다. 생일 선물로 사준 핸드폰을 나보다 더 능숙하게 다루는 손녀를 보며 조그마한 여자애의 생각 속에는 뭐가 들었기에 저렇게 빨리 습득하고 상상력이 풍부한지 놀랍기만 하다.

살다 보니 내 자식에게는 못다 한 이런저런 말을 손녀에게는 해 줄 수 있을 것 같다. 내 자식들은 키우기 급급하다 보니 그럴 여유가 없었다. 한편 생각하면 부모보다 조부모의 한마디가 더 가슴에 오래 남을 수 있다. 부모는 늘 같이 있다 보면 같은 소리의 반복이 아이의 기억에는 잔소리로 들리겠지만 가끔 할머니의 조언 한마디는 마음 깊이 새겨질 수 있다. 내가 우리 부모의 말보다 언뜻 지나가는 할머니의 몇 마디 말이 더 오래 가슴에 남아 있듯이.

단디해라….

그때는 어느 지방의 '거시기'라는 두루뭉술한 단어와 비슷하다고 생각했다. 특별한 이야기가 더 무엇이 필요하겠는가. 하지만 지금 생각해 보면 얼마나 많은 뜻이 있는가. 나는 손녀에게 무슨 말을 전해줄 수 있을까….

정신없이 바쁜 날에는 적당한 쉼터가 되어 줄 수 있는 할머니. 힘든 일이 있을 때는 위로해 주고 마음을 가라앉힐 친구 같은 할머니. 이쁘고 귀엽고 아련한 손자들이지만 아이가 커서 어떤 일을 결정할 때도 길잡이가 될 수 있는 할머니가 되고 싶다.

해운대 할머니가 아닌 햇살 같은 해 할머니로….

6부
풀빛 원피스

오후의 햇살

저문 꽃

세월을 자르다

그놈 목소리

우희를 기다리며

풀빛 원피스

오후의 햇살

늦가을 햇살이 길게 누운 느지막한 오후. 이때쯤이면 하루의 피로가 적당하게 몰려온다. 차 한 잔으로 마음의 여유를 찾고 싶은 시각이다. 오후라는 단어가 주는 넉넉하고 안락함은 지친 몸을 평안하게 쉴 수 있는 저녁이 온다는 기대감 때문일 것이다. 활동적인 한낮과 달리 오후의 빛이 부드럽고 포근하게 여겨지는 이유이다.

동네 지하철 부근을 걷고 있었다. 단정하게 차려입은 할머니가 다가와 머뭇거리며 말을 걸었다. 지하철 타고 도착해서 올라왔더니 B 아파트가 어딘지 모르겠다고 한다. 나도 그 방향이라 함께 걸어가기로 했다. 아시는 댁이냐고 물었더니 놀랍게도 본인 집이라고 한다. 늘 오던 길이 아닌 다른 계단으로 올라왔더니 건물들이 일순간에 낯설어 보여 그만 방향을 놓쳤다고 멋쩍게 웃는다.

그 할머니를 만나기 전에 대형 할인점에 물건을 사러 갔다. 품목이 많아 각종 생필품을 쉽게 구할 수 있어 가끔 들르는 곳이다. 아침에 분명 살 것이 있었는데 도저히 그 물건이 무엇인지 기억나지 않았다. 무작정 들어갔지만 결국 엉뚱한 물건만 손에 들고 계산을 마쳤다. 괜히 마음이 찜찜해져서 터덜터덜 걸어오다 그 할머니를 만난 것이다.

교차로까지 모셔다드리고 보니 그 할머니의 모습이 나의 미래일 수 있다 싶어 한숨이 나왔다. 집에 도착하고 나서야 내가 사려고 했던 물건이 생각났다. 급하지도 중요하지도 않은 고무 주걱이었다.

핸드폰과 냉장고와 관련된 건망증이 일상이 되었다. 나이가 들어 귀가 어두워지는 것은 주변 환경에 민감하게 대응하지 말라는 뜻이다. 눈이 어두워지는 것은 사물의 가치나 진위를 외모만 보고 함부로 판단하지 말라는 것이다. 입맛이 없어지는 것은 과한 마음을 버리라는 얘기다. 노화라는 단어에는 몸이 늙는 게 아니라 세상을 초월하라는 의미도 담겨 있을 것이다.

내가 느끼는 노화는 코를 고는 것이다. 물론 자주는 아니지만, 주파수를 찾지 못한 낡은 라디오의 잡음 같은 소리에 내가 놀라 깬다. 피곤하거나 선잠이라도 자는 날에는 어김없다. 전혀 예상치 못한 현상이다. 이건 피곤해서일 게야, 노화가 아닐 거야. 애써 마음을 달래 보지만 세월은 속절없이 지나간다. 그렇게 자신에 대해 방심하는 사이에 흰머리 염색 날짜를 세어 보는, 두 손자를 둔 할머니가 되었다.

한때 유명했던 여배우의 치매 소식이 들려왔다. 초기 치매가 왔을 때도 영화를 찍으며 자신의 열정을 불태웠으나 과거를 기억하지 못하는 중병으로 진행되고 있다고 한다. 나는 그녀가 왕성한 활동을 하던 시절을 기억하는 세대이다. 그래서일까. 치매가 남의 일 같지 않다는 것을 실감한다.

나에게도 그런 불청객이 오지 않았는지, 무심코 흘려버린 작은 사건들이 치매의 신호가 아닌지 의심해 본다. 물론 건망증과 치매는 다르다. 본인의 기억력에 문제가 있다는 것을 인지하는 것과 문제가 있다는 사실조차 모른다는 것에 차이다.

청청한 기운을 자랑하던 잎들도 가을이 오면 붉고 노란 잎으로 변한다. 단풍은 푸르던 지난날의 녹음을 잊어버린 흔적인가. 잎조차도 가을이 되면 서서히 세월을 받아들인다. 인생도 자신이 살아온 색깔만큼 여러 색으로 물들어 간다. 순화되어 가는 낙엽처럼.

평균 수명이 길어졌다고 한다. 청춘은 입안의 사탕처럼 녹아 버리고 노년만 엿가락처럼 늘어져 있다. 내가 이상 행동이나 치매가 의심되면 병을 의심해 달라고 지인에게 부탁한다. 노화는 죽기 위한 과정이 아니고 살아남기 위한 최선의 변화이다. 생식을 포기한 대신 생존을 추구하겠다는 인체의 순리다. 이런 과정을 긍정적이고 당당하게 맞이해야 한다.

우리에게는 잊어버려야 할 것과 잊지 말아야 하는 것이 있다. 분하고 답답했던 기억, 힘들고 억울한 일들 모두 잊되, '나'라는 인격을 믿고 자존감은 잊지 말아야 한다. 사는 동안 벗어나기 힘든 좌절을 경험하기도 하지만 이 어려움은 살아가는 값이라 생각하며 스스로 위로한다.

나름 바쁜 세월을 살았다. 한 치의 정신적 여유가 없이 지나온 젊은 날이었다. 쳇바퀴 돌듯하는 생활이 당연한 줄 알았다. 가끔 즐기는 호사스러운 여행이 인생의 휴식이고 여유라 여기며 안주했다. 그것은 삶의 달콤한 유혹이었다는 것. 세월이 흐르고 나서야 비로소 보인다.

진정한 노후는 심신의 여유뿐 아니라 세상을 관조하는 아량을 요구한다. 우리의 기대는 환경을 좀더 밝고 긍정적으로 바꾸는 것이다. 건강한 성년을 보내며 변화에 잘 적응하고 사회에 적극적으로 동참하는 여유. 함께 즐길 수 있는 마음 편한 친구들이 가까이 있다면 더 없는 행운이다.

  인생을 하루로 친다면 나는 지금 석양 앞에 마주서 있다. 뜨거웠던 젊음도 사라지고 오후의 붉은 햇살이 저 멀리서 걸어오고 있다. 나른함과 적당한 게으름도 동행하고 있다. 고향 친구 만나듯 편안한 건 오후의 햇살이 더 온화하고 따사롭게 느껴지기 때문이다.

  가끔은 별일 아닌 일로 마음이 복닥거려 잠을 이루지 못할 때가 있다. 여유라고는 찾아볼 수가 없다. 아직 나에게 오후의 햇살은 오지 않은 것일까.

저문 꽃

 창가에 노란 들국화가 나른해 보이는 오후, 달금한 커피 향을 마주한 그녀가 낮게 읊조렸다. "언니, 나 다이어트 해야겠어". 체중보다 마음이 더 넉넉한 그녀는 짙고 풍성한 머릿결과 희고 고운 손을 가진 후배였다. 그런 대화가 오간 후 계절이 바뀌는 동안 연락이 없었다. 바빠 사느라 한동안 잊고 지냈다.
 다음 해 봄 우연히 카톡을 검색하다 낯선 문구가 눈에 띄었다. "어머니가 병원에 입원 중입니다." 그녀의 카톡 프로필을 자식들이 대신 올렸다. 이상한 생각에 그녀에게 바로 전화를 걸었다. 몇 번 신호음이 지난 후 핸드폰 너머로 낯선 여자 음성이 들렸다. 그녀의 딸이었다. 딸은 정확한 대답은 피한 채 어머니가 병원에 입원 중이라며 호실을 알려줬다.

이튿날 아미동에 있는 대학병원으로 갔다. 봄의 색채가 완연한 시절이었지만 그날은 잔뜩 흐리고 금방이라도 굵은 비를 토할 것 같았다. 알려준 병실로 들어섰다. 분명 문 입구에 이름은 있는데 후배가 보이지 않았다.

우물쭈물 서 있는 나에게 건너편 침상의 환자가 가냘픈 목소리로 나를 불렀다. 자세히 보니 바로 그녀였다. 통통하던 얼굴은 못 알아볼 정도로 핼쑥해져 있었고 체구도 형편없이 말라 있었다. 전혀 다른 사람 모습이었다. 어눌한 발음과 어색한 시선이 예사롭지 않았다. 당황하는 나를 보며 곧 나아질 거라고 오히려 그녀가 웃으며 나를 위로했다.

면회를 마치자 그녀의 딸이 배웅을 나왔다. 어떻게 된 건지 묻자 잠시 머뭇거리다 그간 얘기를 털어놓았다. 머리가 자주 아팠지만, 작년 봄까지 검사를 해도 별 이상이 없었다고 한다. 그래도 나아지지 않아 병원을 옮겨 다시 검사받았더니 뇌종양이었다. 위치도 뇌 중간 깊은 곳이라 수술을 할 수 없고 약물치료 외는 다른 방법이 없다고 한다. 육 개월을 넘기기 힘들다는 얘기를 듣는 순간 멀쩡했던 사람이 죽음을 앞둔 처지가 될 수 있다는 생각에 마음이 혼란스러웠다.

집으로 오는 버스에 몸을 실었다. 낮 동안 꾸물거리던 날씨가 저물녘부터 비가 내리기 시작했다. 달리는 버스 차창에 부

덮친 빗줄기가 사선을 그으며 어둠 속으로 날아갔다. 땅거미는 회색 비구름에 가려 음습한 분위기로 가라앉고 있었다. 집에 가는 내내 몸과 마음이 축축 처졌다.

그녀는 음악 학원을 운영하고 있었다. 첫딸을 낳은 후 오랜 기다림 끝에 얻은 아들이 발달장애 판정받았다. 어렵고 힘든 상황이었지만 꿋꿋하게 견뎌냈고 최선을 다해서 보살폈다. 아들 치료비에 보태기 위해 학원 운영에 더욱 열심히 매달렸다. 성실한 지도와 실력이 좋다는 소문까지 나면서 문전성시를 이루었고 꽤 많은 수입을 올렸다. 승승장구하며 돈을 끌다시피 했지만 정작 본인은 번 돈을 쓸 시간적 여유가 없었다.

학원 회계 일을 맡아 보던 남편의 자잘한 지출이 늘어나기 시작했다. 처음에는 눈에 띄지 않았으나 시간이 지나면서 목돈이 비기 시작했다. 노름에 빠진 것이다. 목돈의 행방을 따질 때마다 남편은 '다시는' 하며 빌었다. 마음 여린 그녀는 알고도 속았다. 그러다 음악 학원의 인기가 시들해지면서 학생 수는 줄어들었다. 사양길에 접어든 것이다. 학원 규모를 줄이고 보조 선생 없이 혼자 운영했다. 남편의 카드빚까지 떠안게 되었다. 뽀얗던 그녀의 낯빛은 흑색으로 변했다.

천성이 낙천적인 그녀였다. 딸을 유학 보낸 이야기나 아들을 장애인 선수로 키운 보람을 이야기하며 그동안의 고달픔을 상쇄시켰다. 목소리가 고운 그녀는 모임 때면 가끔 트로트를 구성지게 불러 분위기를 돋우었다. 어렵다고 세월을 외면하지 않았고 예전의 쾌활하고 밝은 모습으로 돌아오고 있었다. 마음의 안정을 찾아갔다.

그러던 중 가끔 머리가 아프다고 혼잣말처럼 했다. 두통약으로 진정시켰으나 빈도나 강도가 점점 심해지기 시작했다. 검사를 받아도 별 이상이 없었다. 스트레스성 두통이라 생각했다. 운이 나빴다. 다니던 단골 병원이 발견하지 못한 종양이 대학병원으로 가서야 나타났다. 물론 그전의 병원에서는 발견되지 못할 만큼 작았다가 갑자기 커질 수도 있다. 그 또한 그녀가 받아들여야 하는 숙명이다.

여름에 접어들 무렵 그녀는 집 인근의 호스피스 전문병원으로 옮겼다. 소식을 접한 지인들이 더 늦기 전에 보겠다고 하여 같이 병원을 찾았다. 이미 몸의 한쪽은 마비되어 버렸고 의식도 몽롱했다. 얼굴과 온몸은 약물 부작용으로 퉁퉁 부었고 숱 많고 탐스러운 머리카락은 수행자처럼 짧게 깎여져 예전의 고운 모습은 찾아볼 수 없었다. 우리를 알아보지 못하는 초점 없는 눈동자가 애처로웠다. 병문안을 마치면서 힘없이 늘어진 손을 잡아 보았다. 손끝으로 느껴지는 그녀의 마지막 인사는 처량하고 쓸쓸했다.

얼마 지나지 않아 카톡으로 부고가 떴다. 놀랍기보다 올 것이 왔다는 생각이 먼저 들었다. 화려한 무대 위에서 쇼팽과 베토벤을 연주하는 피아니스트의 삶보다 생활인으로 세월의 흐름에 순응했던 그녀. 어렵게 시작한 피아노학원을 힘들여 일구었지만, 자신을 위한 시간을 누리지도 못하고 오십칠 년의 세월이 허무하게 지고 말았다. 긴 추위를 견디고 꽃을 피우는 구절초 같은 삶을 살아왔지만, 인생의 만개를 앞두고 저물어 버렸다.

그녀를 생각하면 평평하던 감정이 요동친다. 열심히 살아도 정비례하지 않는 게 세상 이치다. 선하게 산다고 대가가 달지만은 않다. 지인들은 그녀의 삶을 보며 이제는 자신만을 위해 살자고 서로 등을 토닥이며 위로한다. 치열하게 살 이유도 없고 주어진 환경대로 즐기면 된다고 한마디씩 푸념 삼아 얘기한다. 내가 있어 이 세상이 의미가 있다. 내가 없는 세상은 아무 의미가 없다. 누구도 부인할 수 없다. 그녀도 분명 그렇게 생각했을 것이다. 늦게나마.

세월을 자르다

서랍을 열었더니 구석에서 낡은 수첩 하나가 눈에 띄었다. 그 속에는 한 자 한 자 눌러쓴 메모와 함께 다섯 명의 이름과 수입, 지출, 잔액이 적혀 있었다. 다달이 모인 날짜와 숫자가 희미해진 영수증이 세월의 흐름을 실감나게 했다. 각자의 통장번호가 적힌 페이지를 마지막으로 더이상 흔적이 없다.

큰아이 초등학교 육학년 때 같은 반 이사라는 직함을 가진 학부형들의 모임이었다. 나는 그 모임의 총무였다. 학급 일로 자주 모여 밥도 먹었지만, 중학교 진학한 후에는 소식만 오갔다. 아이들이 대학 진학한 후에는 소식마저 더 뜸해졌다.

세월이 제법 흐른 어느 날, 반장 엄마의 연락이 왔다. 그 집 아이 누나의 결혼식을 계기로 다시 모이게 되었고 그 후 정기적인 모임으로 발전했다. 꼬박꼬박 달마다 모이고 알뜰히 저축하며 십여 년의 세월을 함께 보냈다.

그간 여러 일들이 많았다. 다섯 명 아이들 모두 결혼했다. 바닷가 펜션에 가서 일박하며 남편과 시댁에 대해 불평하며 밤을 꼬박 새우기도 했다. 듣다 보면 험담인지 자랑인지도 분명하지 않은 유쾌한 뒷담화였다. 모아둔 회비로 일본 온천여행도 다녀왔다. 소소했지만 별 풍파 없이 모임이 지속되었다.

그중에도 유독 친하게 지낸 두 엄마가 있었다. 어쩌다 둘 사이에 균열이 생겼다. 작은 오해가 서로에게 큰 상처로 번지고 말았다. 그중 한 명이 탈퇴 선언했다. 한번 깨진 마음은 주변에서 말리고 설득해도 되돌릴 수 없다. 남은 사람들도 혼란스러웠다. 그러자 서로에 대한 신뢰가 떨어졌다.

급기야 모임을 중단하기로 했다. 마지막으로 모여 통장번호를 적었다. 남은 돈을 결산하여 각자 통장으로 입금해 주었다. 해단 결산이 나의 마지막 임무였다. 더 오래 함께할 줄 알았던 모임이 허무하게 끝나고 말았다.

수첩을 덮으며 조용히 지난날을 회상해 본다. 멋진 장소에서 함께 즐겼다. 꽃비 날리던 봄날은 연분홍 세상이 황홀해서 좋았고, 가을비 흩뿌리던 날은 여고 시절의 감성으로 돌아가 행복했다. 길흉사가 있을 때는 내 일처럼 어디든 몇 시간이 걸리든 함께 달려갔다. 모두를 위해 자신의 형편을 양보하였다. 그러나 단단한 줄 알았던 신뢰의 바위는 오해라는 실낱같은 틈새로 인해 부서져 버렸다.

수첩을 정리하기 위해 속장을 가위로 잘랐다. 오래된 친구를 자르는 것 같아 잠시 망설여지기도 했다. 소중한 날에 대한 기억이 이것으로 모두 버려지는 것 같아 아쉬웠다.

누구나 살아온 인생 중에 자르고 싶은 부분이 있을 것이다. 나 역시 없었던 일이 되었으면 하는 세월이 있다. 내 실수든 타의에 의한 어쩔 수 없는 선택이든 뼈저리게 회한이 느끼게 되는 부분이다. 분노하고 몸서리쳐 보지만 그때 그 일이 없었다고 해도 얼마나 달라져 있을까에 대한 뚜렷한 확신이 없다. 그것도 내 인생의 일부이니 누구를 원망하기도 어렵다. 공허한 희망 사항일 뿐이다.

어떤 일이든지 시작할 때는 열정적으로 하고 끝날 때는 미련 없이 자르는 것이 좋다. 처음 불타오르는 일이라도 꺼질 때는 많은 상처를 남긴다. 젊었을 때 피부 위의 상처는 금방 아물어 흉터가 없으나 나이가 들수록 옅은 흉터도 쉬이 없어지지 않고 오래도록 자국을 남긴다.

마음도 마찬가지인 것 같다. 젊었을 때는 극복을 잘하고 금방 잊히는데 나이를 먹어 생긴 상처는 끈질기게 붙어다닌다.

실의에 빠지면 나락에서 헤어 나오기가 쉽지 않다. 상처 입고 좌절했을 때 조용히 자신을 돌아본다. 내 마음을 그 순간으로부터 냉정히 잘라내야 한다. 자르려면 절실한 내적 요구가 있어야 한다. 물론 약간의 세월도 필요하지만.

  자른다는 것은 단절을 의미한다. 자르고 난 뒤에는 아픔의 순간이 있지만 더 큰 세상이 기다리고 있기도 하다. 과일나무 가지도 자르고 솎아야 굵고 튼실한 열매를 얻는다. 갓 태어난 아기는 엄마와 이음줄인 탯줄이 잘려야 비로소 온전한 인격체로 성장할 토대를 얻는다. 군대 가는 청년들이 짧게 머리를 자르는 것은 강한 남자로 바뀌기 위해서다. 옛것이 사라지고 새로운 질서가 확립된다. 이렇듯 자른다는 것은 또 다른 가능성의 시작이기도 하다.

  사람들은 가늘지만 질긴 그물망에 얽혀 살아간다. 혈연이나 사회활동 등 여러 관계를 통해 자신의 존재감을 찾으려 한다. 씨줄 날줄로 엮어져 서로 의지하는 동무가 되거나 길잡이가 되기도 한다. 끈이 다해서 흩어지는 예도 있고 다시 모이는 일도 있다. 인연이 다하면 돌아설 줄 아는 자세가 필요하고 새롭게 다가오는 세월을 긍정적으로 받아들일 줄 아는 평심도 겸비해야 한다.

  수첩을 자르면서 그들과 함께한 세월을 정리했다. 애증이 교차하지만 아쉬움도 있고 후회도 남는다. 부인할 수 없는 것은 그 또한 여여하게 살아가는 내 모습이며 나를 비추어 주는 거울이라는 사실이다.

    때로는 서로를 위해 잠시 멈추고 과거를 자를 줄 아는 태도가 필요하다. 비워진 세월이 인생의 쉼터가 되어 주기도 할 테니까.

    흩어져 간 그들의 안녕을 빈다.

그놈 목소리

 우리 동네는 이십여 년 묵은 아파트 단지다. 세월만큼 숲이나 나무의 수령도 오래되었다. 산책길마다 아름드리나무들이 터널을 이루고 한여름에는 그늘을 만들어 준다. 줄지어 서 있는 덩치 큰 나무의 가지는 사방으로 뻗어 있고 햇빛 받은 잎사귀들이 서로 다투듯 땅바닥에 무늬를 짓는다.

 그곳으로 새들이 날아든다. 작은 몸짓으로 나뭇가지 위를 강중강중 옮겨 다니기도 하고 부리를 마구 비벼대기도 한다. 새벽 비가 온 후 베란다 난간에 강낭콩처럼 매달린 물방울을 입으로 쪼아 먹는 작은 새들이 있다. 물 한 모금을 머금은 새는 유리구슬보다 더 맑고 청아한 소리를 내며 하늘로 오른다. 비가 뚝뚝 떨어지기 시작하면 사람도 나무도 새도 흙냄새를

힘껏 들이마시기도 하는 평온한 곳이다.

조용한 일상을 깨고 나타난 놈이 하나 있다. 덩치가 꽤 크고 날갯짓도 우람하다. 입은 옷은 화려하진 않지만 세련된 검은색의 신사. 까마귀다. 집 근처를 배회하며 자신의 존재를 알리던 그놈이 무슨 마음인지 동네를 비우고 한동안 소식이 없다. 든 자리는 몰라도 난 자리는 아는 법. 괜스레 궁금해졌다.

내가 그놈을 주목하게 된 것은 목소리 때문이다. 새들의 종류에 따라 소리가 다른 것은 충분히 이해하나 같은 종인데도 목소리가 유달리 특별하게 들리는 건 그놈이 처음이었다. 소리의 높낮이나 장단으로 위험 신호나 갖가지 정보를 주고받지만, 더 굵고 허스키한 음색이 나의 귀를 자극했다.

두세 마리가 공중에서 휘돌아다니기도 하지만 혼자 비행할 때도 있다. 그럴 즈음 집 앞 덩치 큰 나뭇가지에 앉아 소리를 낸다. 마치 으슥한 골목에서 침을 찍찍 뱉는 동네 건달 같은 낮고 탁한 목소리다. 집 근처를 날아다니는 떼거리와는 확실히 구별되었다.

여러 마리 까마귀의 목소리를 듣다 보니 조금씩 구별되기 시작했다. 목소리로 자신의 구역을 지키는 그놈이 왠지 정이 갔다. 그 목소리가 들리면 아는 까마귀가 왔다는 생각에 반가웠다. 며칠 들리지 않다가 언뜻 그 소리가 들려오면 옛 친구의 소리인 듯하여 고개가 저절로 창가로 돌려진다. 나의 예민한 청력 때문인지 아니면 새들도 사람의 목소리처럼 개성을 가졌는지 알 수 없지만, 사람으로 치면 미국의 재즈 가수 루이 암스트롱이다.

 사람들도 타고난 목소리가 있다. 목소리로 그 사람에 대한 첫인상을 받는다. 정중하고 침착한 소리는 왠지 믿음이 가고, 가늘고 빠르면 경쾌하지만, 어딘가 가벼운 사람이 아닌가 하는 생각이 든다. 사람들은 지위가 높아질수록 목소리의 높낮이를 조정하고 말의 속도를 조절하여 품격을 올리려 한다. 목소리가 점점 가식적으로 만들어진다. 하지만 숨겨진 성품이나 인격은 가릴 수 없다. 엄숙하고 교양 있는 목소리이건만 뒤에는 추악한 음모를 숨기는 일도 있다. 외적 조건만 꾸미려 하지 말고 본연의 모습을 지킬 줄 아는 자세가 필요하다.

 주변에는 꾸미지 않는 목소리로 생업에 종사하는 사람들이 많다. 행인을 부르며 물건을 흥정하는 재래시장 상인들. 폐점 할인 판매를 한다면 절박하게 목성을 높이는 사람이 있는가 하면 시장통 음식점에 가면 목소리 투박한 욕쟁이 할머니가 꼭 있다. 밥과 욕으로 배를 불리는 그곳에서는 욕이 양념이다. 베이비 붐 세대의 사람들은 가난하고 형제는 많았던 시절을 살았다. 부드러운 타이름보다 빗자루와 어머니의 욕이 훈육

방식에 익숙했다. 자식이 많으니 긴 잔소리보다 몇 마디 욕으로 줄여야 했다. 그때의 정서일까 웃으며 욕을 듣는다.

까마귀는 사회성이 매우 발달한 동물로 특별한 커뮤니티를 형성하고 있다고 알려져 있다. 새 중에서도 가장 뛰어난 인지능력을 가지고 있고 고유의 언어로 자기 경험을 동료에게 전달한다. 유인원처럼 도구를 사용할 줄 아는 능력도 있다고 한다.

동네에 서너 마리 모인 까마귀는 텃새이며 울산 태화강을 중심으로 검은 군무를 자랑하는 무리는 몽골이나 러시아에서 온 철새 까마귀다. 나무 열매나 동물의 사체를 뜯어 먹는 잡식성이다. 근래 우리나라에서 흉조로 알려졌으나 옛 문헌에 견우와 직녀가 만나는 날 까치와 함께 다리를 놓아주었으며, 신라시대에는 단옷날 제사를 지내줄 정도로 우대받았다. 반포지효라는 속담이 있듯 어버이 은혜에 보답하는 갸륵한 새이며 오랜 세월 우리 조상과 동고동락한 새다.

까마귀의 목소리는 듣기에 거북하여 사람들의 관심에서 멀어졌지만, 동료애는 사람 못지않은 돈독함을 가지고 있다. 그들은 사람처럼 어조를 꾸미지 않는다. 목소리가 거칠든 청량하든 대대로 이어 온 본연의 성조를 잃지 않고 있다. 수억 년의 흐름에도 청탁을 가리지 않고 자신의 목소리를 굳건히 지켜 온 까마귀는 어떻게 보면 귀조貴鳥가 아닐까.

겨울로 접어들수록 찾아오는 새들이 소원해진다. 새들뿐 아니라 용맹스럽게 목청을 뽐던 풀벌레도 찬바람이 불면서 기가 꺾인다. 그놈은 요즘 이 동네를 떠났는지 특유의 걸쭉한 목소리가 들려오지 않는다. 언제쯤이면 꾸밈없고 걸걸한 까마귀의 목소리를 다시 들을 수 있을까.

우희를 기다리며

 매년 가을이 되면 부산국제영화제가 열린다. 초청되는 영화 중에서 몇 편을 관람하는 것이 나의 가을맞이 첫 행사다. 세계적으로 손꼽히는 영화제에서 인정받은 작품이나 평소 봐왔던 미국식 상업 영화가 아닌 남미나 아시아, 인도 등 좀처럼 볼 수 없는 나라의 영화가 초청되어 상영된다.

 영화는 각 나라의 문화와 정체성 등을 스크린에서 다양하게 경험할 수 있게 해준다. 영화의 예술적 가치를 추구하는 이유이기도 하다. 안내 책자를 살펴보던 중 40여 년 전 싱그러운 청춘 시절, 감명 깊게 봤던 영화가 초청되어 있었다. 순식간에 예매하고 상영 날짜를 기다렸다.

 〈패왕별희〉는 두 경극 배우의 삶과 사랑을 그려낸 영화이다. 북경을 배경으로 청나라 말기를 거쳐 일본의 중국 침략, 문화대혁명 등 중국 근현대사의 큰 물줄기가 화면 속에서 흐른다. 경극에서 평생 여주인공 역할을 맡은 여장 남자배우는 극과 현실을 혼동한 채 동성애적 사랑에 빠지고, 남자 주연 배우와 서로 다른 예술적 접근 방식에 갈등하다가 배신하게 된다. 암울한 시대의 회오리 속에서 살아남은 두 배우의 용서와 화해를 그렸다. 마지막은 경극의 주인공처럼 슬픈 죽음으로 끝이 났다.

영화를 처음 봤을 때 중국 문화에 대한 충격이 컸다. 경극 특유의 과장된 음색과 지나친 화장, 불안감을 조성하는 듯한 악기 반주 등, 우리 정서로는 이해하기 어려운 문화적 괴리를 느꼈지만, 그 차이만큼이나 환상적이고 이채로웠다.

영화 속 경극의 내용은 우리가 익히 알고 있는 초패왕 항우와 연인 우희의 이야기다. 해하 전투에서 사면초가가 된 항우가 우희에게 먼저 도망갈 것을 권했다. 오히려 짐이 될 것을 염려한 우희는 자결한다. 항우 역시 패전과 함께 역사 속으로 사라진다. 두 연인의 슬프고도 아름다운 사랑은 경극으로 만들어져 많은 중국인에게 오래도록 전해지고 있다.

아는 후배가 있었다. 맥주 한잔하고는 애잔한 눈빛으로 이야기를 시작하였다. 그녀의 아버지는 말기 암으로 병원 생활을 하던 중, 조용히 딸을 불러 부탁했다. 사랑하는 사람이 있는데 더 나빠지기 전에 한번 보고 싶으니 만날 수 있게 해달라고 했다.

죽음 앞에서도 한 여인에 대해 절절한 감정을 버리지 못하는 아버지의 얘기를 듣는 순간, 딸은 억장이 무너졌고, 남편의 마음을 모른 채 정성을 다해 간호하고 있는 어머니를 생각하니 배신감이 밀려왔다. 평소 착실한 가장이자 다정한 아버지였기에 더더욱 화가 났다.

그래도 죽음을 앞둔 아버지의 간절한 부탁이라 어머니 몰래 자리를 마련해 드렸다. 사람들은 병들고 초라해진 자기 모습을 연인에게 보여주려고 하지 않는다. 하지만 그녀의 아버지는 맺을 수 없는 인연의 고리를 외면하지 않았고 이승에서의 사랑을 정리하고 싶었을 것이다. 삶과 죽음의 강을 사이에 둔 그들의 마지막 작별 인사는 무엇이었을까. 얼마 후 아버지는 돌아가셨고 후배는 애통해하는 어머니를 위로하며 그 일을 잊고 지냈다.

세월이 흘러 후배는 한 사람을 만나게 되었다. 서로의 감정을 확인하게 되었지만 어쩔 수 없는 환경으로 그저 바라만 볼 수밖에 없는 처지였다. 그때서야 아버지의 심정을 이해했다면서 죽음 앞에서도 당당했던 아버지의 사랑을 무척 원망했었는데 그게 자기의 일이 되어 버렸다고 자책하며 씁쓸하게 맥주를 들이켰다.

그녀에게 무슨 말을 해야 할지 난감했다. 잊어버리라고 했지만, 그 말이 위로되지 않을 거라는 걸 알고 있었다. 조용히 왔다가 아프게 가버린 사랑. 사랑은 할수록 아프고 받을수록 힘들다고 하는가. 사랑의 방정식을 알았다면 이별의 공식도 풀어낼 수 있어야 한다. 담담히 그녀를 쳐다보았다.

항우의 연인 우희는 죽음으로 사랑을 승화하지만, 그녀는 자신을 온전히 내려놓아야만 다시 설 수 있고 다시 시작할 수 있다. 그녀 아버지의 마지막 사랑처럼 품위를 잃지 말아야 한다. 우희처럼. 비극보다 인간 승리의 드라마로 끝나기를 바랐다.

40여 년의 세월이 지난 후 그들과 다시 만났다. 우희 역의 장국영은 여전히 젊고 예쁜 미소를 짓고, 연기파 여배우 공리는 그때도 지금도 세월을 뛰어넘는 농익은 연기를 하고 있었다. 지금의 나는 많은 것들이 바뀌었고 가치관 또한 그때와 달라졌다. 그러나 바뀌지 않는 것이 있다. 나를 사랑하는 일이다.

믿었던 사랑에 가끔 멍이 들기도 하고, 주변 환경에 상처받고 좌절하기도 하고, 타협과 굴욕도 참고 넘길 때가 있다. 세월의 때가 묻어가지만 그런데도 나를 사랑하여야 한다. 그리고 나를 내려놓는 일이다. 내려놓지 못하면 진정 나를 사랑하지 못하게 된다.

  올가을에도 부산 국제 영화제는 어김없이 열릴 것이다. 어떤 영화가 나의 마음을 사랑의 늪으로 빠뜨릴지. 〈패왕별희〉 같은 추억과 감성을 깨워줄 영화가 초청되길 기대하며 또 다른 우희를 기다린다.

풀빛 원피스

 예뻤다. 풀빛 원피스에 하얀 구두를 신고 단아하게 앉아있었다. 창가에 달린 햇살 한 줌이 뽀얀 얼굴 위에 발그스레한 연지처럼 모여 있다. 문을 열고 들어가자 철 지난 해풍에 그녀의 머리카락이 가볍게 흔들렸다. 미소를 머금으며 조용히 자리에서 일어났다. 학처럼 부드럽고 우아했다.
 중학교 일학년 여름 방학이 끝날 무렵이었다. 아버지는 우리에게 중요한 약속이 있음을 알렸다. 동생과 나는 그저 가족 나들이인 줄만 알았으나 언니들의 표정은 밝지 않았다. 송도에 있는 음식점으로 갔다. 바다 풍경이 한눈에 들어오는 잘 꾸며진 이층 별실이었다.
 미리 와 기다리던 그녀는 웃으며 우리를 맞이했다. 처음 본

여인은 얼굴도 곱고 몸매도 날씬했지만, 나의 시선을 한순간에 사로잡은 것은 풀빛이라는 색깔이었다. 창문으로 들어오는 햇빛을 한껏 머금고 있는 풀색은 살아 움직이듯 요동했다. 여태껏 그런 생동하는 색을 보지 못했다.

색은 이미지다. 자신의 기질이나 취향을 나타내기도 하고 그 색으로 인해 상대방에게 강렬한 첫인상을 남기기도 한다. 오랜 세월이 지나면 그 사람의 얼굴을 잊고 때로는 이름을 잊을지라도 처음 보았던 색깔 이미지는 잊지 못한다. 그만큼 망막에 박힌 색상은 강렬하고도 집요하다. 그녀의 풀빛은 나에게 몽환적이면서도 뭔가 모를 불안을 지닌 여인으로 각인되었다.

이듬해 봄. 그녀는 아버지와 재혼하여 우리 집으로 들어왔다. 아버지는 쉰하나, 그녀는 마흔이었다. 당시로서는 시대를 앞선 여자였다. 클래식 음악을 즐겨 들었으며 서양요리도 잘했다. 우리가 듣기 거북한 말은 아버지와 일본어로 얘기를 나누곤 했다. 세련되면서도 개성이 강했다.

고분고분한 태도는 처음 얼마간뿐이었다. 수년이 흐르자 집안 대소사의 결정권이 그녀에게 넘어가기 시작했다. 나는 그때 아버지 뜻에 반대하는 사람을 처음 보았고 양보하는 아버지도 처음 보았다. 요조숙녀 모습은 간데없고 전장의 전위대처럼 앞서가고 목소리도 커졌다. 한동안 그녀와 아버지의 갈등으로 집안 분위기가 비 오는 그믐밤처럼 어둡고 무거웠다.

그러나 그녀는 교육에 관한 한 시대를 앞선 생각을 가졌다. 당시는 그림을 그린다는 것은 밥 빌어먹는 일이라고 천박하게 여겼다. 체면을 중요하게 생각했던 아버지는 딸이 예능 쪽으로 전공한다는 것은 상상도 못 할 노릇이었다. 그녀는 여자들도 재능을 살려야 한다는 의견이었다. 그녀의 주장이 아버지의 편견을 이겼고 나는 원하던 서양화 전공의 길로 들어설 수 있었다. 어쩌면 그녀의 풀빛 원피스가 지닌 강렬한 색감이 내 전공 선택에 부분적으로 적용되었을지도 모른다.

집안의 절대 권력인 아버지는 경제권을 무기로 가족의 화합을 강요했다. 작은언니는 새어머니에 대한 거부가 유독 심했다. 이런저런 불만이 있어도 속으로만 삭였지만 언제 터질지 모르는 화약고가 되었다. 두 사람의 대립은 마치 조화를 이루지 못하는 색채의 갈등처럼 보였다. 아버지의 불호령으로 오히려 감정의 골이 깊어지고 집안 분위기는 언젠가 터질 수 있는 휴화산처럼 되어 갔다. 그러나 위태로웠던 가족 간의 반목은 아버지의 급작스러운 병환으로 화산재 묻히듯 묻혀버렸다.

이삼 년의 투병 생활 후 아버지가 돌아가셨다. 장례식이 지나고 그녀는 거처를 친정 쪽으로 옮겼다. 자신의 짐을 싣고 난 뒤 시집올 때 인사했듯이 할머니에게 마지막 큰절하고 떠났다. 아마 그녀도 살아서는 만나지 못할 거라는 걸 예감했을까. 아버지의 첫 제사 때도 오지 않았다. 그 후로 연락이 끊겼다. 고모들이나 숙모들은 차라리 그렇게 끝난 게 서로를 위해서 잘된 일이라고 말했다. 냉정한 어른들이 섭섭했지만, 나로서는 아무런 결정권이 없었다.

이십여 년이 지난 어느 해, 낯선 동네의 주민센터에서 한 통의 전화가 왔다. J 씨를 아느냐고 물었다. 너무 오랜만에 듣는 이름이라 기억의 밑바닥에서 그 이름을 떠올리기에는 잠시 시간이 필요했다. 뜨악하기도 하고 이상하게 가슴이 철렁 내려앉았다.

"알긴 아는데 무슨 일로…."

사회복지 담당자였다. 수급 신청했는데 자녀가 호적에 등재되어 있어 조사해야 한다고 했다. 자초지종을 얘기한 다음 그분의 주소를 물었더니 개인 정보라 알려줄 수 없다는 대답만 돌아왔다.

헤어지면 남남이 된다지만 그녀에 대한 뭔가 모를 아쉬움과 마음의 빚이 있었던 것 같다. 이제 나도 헤어질 때의 그녀 나이를 훌쩍 넘겼다. 이해될 수 있는 여유와 포용이 생겼지만, 그녀에 관한 생각은 접기로 했다. 인연이 남았다면 언젠가는 만나겠지. 그 후 지금까지 아무런 소식도 없다.

세월이 지나면 무엇이든 쇠락한다. 색깔은 퇴색하고 모양은 퇴락하며 기억도 퇴조한다. 무엇이든 제 모습을 지켜나가는 것은 불가능하다. 아무리 탄탄하고 강할지라도 세월의 위력은 이길 수 없다. 하지만 그녀가 입었던 풀빛 원피스의 기억은 희미해지지 않는다. 풀빛의 색깔도 퇴색해지지 않고 있다. 사람은 때때로 입은 옷, 풍기는 냄새로 누군가를 기억하기도 한다. 새어머니가 아니고 한 여인으로서 풀빛 원피스는 내가 오래도록 기억하고 있는 이미지 중의 하나다.

헤어진 지, 사십 년 가까이 지났다. 어떻게 사는지. 건강하신지. 살아 있다면 아흔을 바라보는 연세다. 지금도 생각하면 풀빛 원피스 곱게 입은 그녀의 젊고 역동적인 모습이 영상처럼 나타났다가 아련하게 멀어진다.

인생의 한때를 같이한 인연, 삶의 한고비를 넘겼을 여인에 대한 연민으로 서운한 마음도 미련도 풀어낸다. 떨어진 한 방울 풀빛 물감이 물위에서 잔잔한 파문을 일으키며 풀어지듯.

작품 해설

글과 춤과 그림이 엮은 조형과 채색의 미학

박양근

(문학평론가, 부경대 명예교수)

작품 해설

글과 춤과 그림이 엮은 조형과 채색의 미학

박양근(문학평론가, 부경대 명예교수)

인간은 느끼고 생각하고 말한다. 오감으로 느끼고 머리로 생각하고 온몸으로 말한다. 짐승이나 식물이 표현하는 소리와 동작이 인간의 말과 글만큼 체계적이지 않은 차이는 사람다워지려면 글을 쓸 수 있어야 한다는 조건을 말한다. 이때 쓴다는 것은 단순히 말을 문자로 적는 기능이 아니라 소통하고 문화적 교류를 이행하겠다는 뜻이다. 이 능력이 있어 인간을 사회적 동물이라고 부른다.

작가란 경험과 사유의 세계를 언어로 전달하는 문학인을 지칭한다. 문학을 하려면 남다른 상상과 감수성과 통찰력 외에도 언어를 잘 구사해야 한다. 그만큼 작가와 문학과 언어는 불가분의 상관관계를 이룬다. 그중에서 요긴한 것은 인생 체험을 표현하는 능력일 것이다.

언어는 표현 매체로서 한계를 가진다. 언어 외에 다른 수단을 자유롭게 구사할 수 있다면 그의 문학은 더욱 충만해진다. 만일 작가이면서 음악, 미술, 춤에 조예가 있다면 그의 예술적 기반은 더욱 단단해질 것이다. 예로부터 시서화(詩書畵)를 예인의 덕목으로 삼고 지덕체의 균형을 꾀하려 한 것도 몸말의 표현력을 인정하기 때문이다.

조향미 작가는 글을 쓰고 춤을 추고 그림을 그린다. 그녀는 서양화를 전공한 후 대학에서 미술교육과 미술치료로 오랫동안 강의하였다. 한국무용을 10여 년간 배워 무대 공연하기도 했다. 〈수필과 비평〉 사에서 신인상을 받은 후 여러 문제작을 발표하여 평론가들의 주목을 끌고 있다. 마침내 《홀로 선 나무는 제 그림자를 지킨다》라는 수필집을 상재하여 인생과 예술을 아우르는 작가세계를 구축하였다. 주변 현상과 물상을 문학과 회화와 한국무용으로 정제하는 그녀의 미학적 삶을 "보랏빛 아이리스"라고 불리듯이 수필집도 실존적 면모를 지닌다.

수필 문학은 일생을 저장하는 기억의 타임머신에 비유되곤 한다. 6부 36편으로 이루어진 《홀로 선 나무는 제 그림자를 지킨다》는 사실적 인생과 색채 이미지가 어울린 심미 세계를 구성한다. 그렇다면 삶과 예술을 위한 '홀로 선 그림자'라는 조형미를 이룬 작가가 조향미라고 할 것이다.

1. 예인(藝人)으로 향하는 자서(自序)

이력서는 시간에 따른 개인의 실적을 보여준다. 그러나 개인의 내면은 이력서가 아니라 직관적으로 투사된 인상미가 진실하게 투영시킨다. 예술가나 작가의 초상화를 통해 그의 삶에 더 가까이 접근할 수 있는 것도 맑은 수면 아래 쌓인 모래층에 물의 시간이 숨어있는 것만큼이나 진실하다.

조향미의 작품을 세월 따라 배열하면 다층의 연륜이 나타난다. 그녀는 특정 시기에 일어난 주변 사건을 그대로 말하지 않고 이미지라는 문양으로 짜낸다는 사실이다. 삶도 직설화법이 아니라 "그림을 그리면 시간 가는 줄 몰랐던 소녀, 보랏빛 작은 붓꽃, 가을 카디건이 어울리는 여자. 월광을 받으며 춤추는 무희, 덜컥 일을 저지르는 중년, 명진약국 사모님. 자유로운 글 여행자. 조신하면서 열정적인 여심." 등으로 생의 질곡을 청자의 빗금처럼 그려낸다. 이 모자이크는 화려하면서 단아한 채색미를 지녀 어떤 외부의 빛줄기도 지금껏 비추지 않은 밀실에 걸린 초상이 아닌가 싶기도 하다.

이처럼 그녀에게 수필은 외적 일상의 도표가 아니라 정교하게 직조된 내적 고백과 같다. 허구가 아니라 자명(自鳴)의 기법을 채택함으로써 수필이 자신의 자명고임을 밝힌다. 그 심리적 조망이

〈보랏빛 작은 꽃을 위하여〉에서 시작한다. 미술치료 공부할 때의 별칭이 "보랏빛 아이리스"였듯이 보랏빛 색조와 붓꽃은 그녀의 문학적 분신이 지닌 품격에 더없이 어울린다. "무지개, 귀족 의상, 그리움, 사모의 정, 절제와 관능, 초월과 치유, 열정과 구원"으로 이루어진 이미지가 현 모습이면서 이상적 초상인 셈이다.

> 보라색 이미지는 부드러우면서도 차다. 차갑지만 따뜻하다. 붉음과 푸름의 뒤에 서서 수줍게 웃는 색. 뒤 담장에서 사모하는 임을 몰래 보듯 부끄럽게 지켜보고 있는 빛. 열정을 절제하는 젊은 수도승처럼 평정을 잃지 않으려는 결.
> – 〈보랏빛 작은 꽃을 위하여〉 일부

색채 감별력이 뛰어난 조향미는 지나온 삶과 현재의 자아와 미래의 인격체를 보라색 색조에 통합한다. 그 색조에서 "무의식의 외침"이자 "강렬한 표출"이라는 기운을 얻고 치유와 초월의 화소도 찾아낸다. 보랏빛 아이리스가 '제 그림자를 지키는 홀로 선 나무'와 조응하고 고독과 지조의 모티프를 조형화한 점에서 이 작품은 수필집의 에필로그에서 밝힌 "다시 태어난다면 한자리에 뿌리를 내리고 누군가의 위안이 되어 주는 나무"가 되려 한다는 작가의 명심(銘心)과 상통한다.

화가들이 그린 자화상은 한 권의 자서전과 같다. 화랑에 갈 때 초상화를 먼저 대하면 더욱 쉽게 작가의 그림을 감상할 수 있는 것처럼 자서(自序)다운 수필을 먼저 읽으면 작가와 독자 간의 교감이 높아진다.

조향미의 자아 형성은 가덕도 천성마을에서 시작한다. 〈갯내〉가 바닷가로 향하는 후각 이미지로 이루어졌다면 〈덜컥〉은 그녀가 지닌 기질을 해학적으로 소개한다. 뫼비우스의 띠처럼 이어진 두 작품 사이에 놓인 〈말 한마디〉와 〈부채와 달〉과 〈글 여행자〉는 그림과 춤과 문학에 심취한 작가의 생활을 투영시킨 작품들이다. 〈말 한마디〉는 홀로 그림을 즐겨 그리던 어린 시절의 그녀에게 초등 선생님이 말한 칭찬을 회상하는 내용이다. 그 격려를 계기로 미술의 길을 선택하였고 후일 열정적인 미술치료사로 활동하게 되었다. 미술 심리 치료를 소재로 한 〈빈 섬〉은 임상록이면서 인간에게 드리워진 고독을 진단한다. 삶이란 "섬에 꽃을 심어 가는 과정"이며 인생은 "백지 위에 그려진 화도(花島)"라는 해석은 회화적 기법을 문학에 도입한 백미라 할 만하다.

인간계와 자연계의 환상적인 접점을 포착한 〈부채와 달〉은 춤으로 인연을 풀어낸 수작이다. 정월 대보름 밤기운이 가득하고 차디찬 잔디 위에서 춤을 출 때, 애모의 눈매와 손에 쥔 부채와 만월이 하나의 선으로 이어지는 순간을 신비스러운 인연의 접합으로 풀어냄으로써 환상과 실제가 어울린 한 폭의 무녀도를 완성한다. 그녀가 몸으로 정립한 '연(戀)의 연(緣)의 주제'는 모든 사람은 한해의 첫 보름달을 기다린다는 말을 형상화한 몸말이기도 하다. 그 점에서 춤사위는 순간과 영겁은 하나라는 시학을 따른다.

> 그 밤, 부채와 정월 대보름 만남은 찰나였으나 참으로 고귀하다. 헌무가 없었다면 그 연은 없었다. 선율의 울림을 무심으로 빚어내는 것은 헌사이다. 시간의 흐름에 빛과 색을 입히는 것은 헌화이며 스쳐 지나간 날들에 대한 에세이는 헌시이다. 궁극적으로 모든 예술은 삶과 인연에 대한 헌정이다.
>
> — 〈부채와 달〉 일부

누군가에게 바치는 헌(獻)은 숭고하고 지엄한 의식이다. 월광이 가득한 가운데 베풀어진 헌무도 마찬가지다. 부챗살이 펼쳐질 때 붉은 매화가 떨어진다는 환상은 예술의 지극(至極)을 이해하는 사람만이 공감할 수 있다. "고운 빗소리든, 뽀얀 물안개든, 메아리 울리는 새든" 모두 연을 찾아 운명의 원을 돌고 도는 게 자연의 법칙이다. 아무리 작은 인연도 자연의 도움을 빌려야 이루어진다. 그 인과율이 무희상(像)으로 조형되었다.

조향미의 그림이 과거의 상처를 치유하고 춤이 미래의 꿈을 구현한다면 수필은 현재 상황을 전달한다. 그녀에게 수필은 정적인 반사체가 아니라 사유와 인식의 세계를 넘나드는 동적인 존재이다. 이렇게 활성화한 덕분에 그녀와 글은 생각하며 오가는 여행자의 신원을 지닐 수 있다.

그녀에게는 무수한 글 정류장이 있다. 그곳에서는 "떠오르는 기억, 수채화 같은 문장, 가슴에 남은 문구 한 줄, 누군가 툭 내뱉은 말. 에피소드 하나하나"가 살아있는 여행자로 변신한다. 간이역에서 기차를 기다리는 여행자처럼 조향미의 글감과 언어들은 오늘도 작가의 출발신호를 지켜본다. 수필은 인격체로서 진솔한 삶을 이야기한다는 조향미의 시학을 여기서 찾을 수 있다.

> 여행을 통해 긴장을 풀어 놓고 낯선 환경을 즐기려 한다. 다른 곳을 봄으로써, 색다름을 발견하고 새로운 경험을 통해 삶을 변화시킬 에너지를 얻기도 한다. 무엇보다 또 다른 나를 발견한다. 그것이야말로 여행의 가장 귀중한 목표가 아닐까. 떠난다는 것은 자유를 향해 오롯이 나를 던지는 행위다.
>
> — 〈글 여행자〉 일부

글과 작가는 일심동체다. 언어가 작품이 되려면 작가는 여행자가 되어야 한다는 조향미의 아포리즘은 문학과 인문학 간의 상관성을 포착한 언술에 해당한다. 그녀는 그림과 춤에서처럼 문학의 중심에 자신의 실존이 자리 잡도록 한다. "글을 쓰며 용서하고 뉘우치고 눈물로 화해한다."라는 부연 설명도 체면과 허세의 가면을 벗겨낼 때 진정한 성찰이 이루어진다는 잠언에 일치한다.

조향미의 자서형 수필이 지닌 특징은 일상 체험을 직접 제시하는 것이 아니라 조형미 있는 기법으로 재현된다는 점이다. 춤과 미술과 문학이 심미적 울력이 되었기 때문에 현실에서 부딪친 그녀의 아픔을 영롱한 감성으로 녹여낼 수 있었다. 이렇게 하여 보랏빛 붓꽃이라는 아우라가 작가의 분신으로 태어났다.

2. 애상으로 품어낸 가족애

인생은 출생과 죽음으로 시작하고 끝난다. 대부분 사람은 그 가운데서 평범하게 살아가지만 어떤 사람은 남다른 일생을 맞이한다. 가족이 갈등의 원인으로 작용하고 그리움과 미움이 교차하면서 상처의 흔적을 오래 간직하기도 한다. 작가도 사람인지라 갖가지 감정의 파고를 맞이하는 가운데 작품의 문맥도 가족사의 영향을 받는다. 문장의 결만으로도 작가의 성격과 가족관계를 유추할 수 있다는 점에서 수필만큼 개인사이면서 가족사의 양상을 지니는 장르는 드물다.

조향미의 가족사는 결혼 이전과 이후로 구분된다. 이전은 부모와의 결별이, 이후는 자녀들에 대한 애정이 돋보인다. 친가의 가족은 자수성가형 아버지와 장남을 위해 비손을 그치지 않던 할머니와 폐결핵으로 병원 생활을 그칠 수 없었던 어머니와 푸른 원피스를 입고 나타난 새어머니로 이루어진다. 작가는 친정 가족사에 흰색과 푸른색 이미지를 도입하여 때 이른 사별과 결별을 소개하면서 왜 외로움을 타게 되었는가도 밝힌다.

아버지의 운명은 〈기둥과 초석〉으로 형상화된다. 어촌의 가난한 집안의 맏이인 아버지는 가문을 세우기 위해 평생 일에 매달렸다. 일본에서 공부한 후 제지공장을 운영하는 동안 아내를 간병하고 가족과 오붓한 시간을 보낼 수 없었다. 가문의 영광을 위해 과로했던 그는 이른 죽음을 맞이한다. 〈하얀 꽃〉은 아버지의 죽음을 망연하게 바라본 시점을 종이로 만든 하얀 신에 집중시킨 작품이다. 이 작품은 하얀 종이를 소지하면서 자신의 임종을 기다린 할머니의 여한을 다룬 〈마지막 소지〉와 함께 아버지에 대한 가슴 아픈 회상을 재구성한다.

어머니에게 바친 헌사도 "하얀 연꽃"으로 표현된다. 어머니는 행복한 회상이 아니라 애처로운 그리움이 붙박이 된 피붙이다. 조향미는 부모가 있었지만, 현실에서는 그들이 부재한 심적 고아 신세를 겪었다. 사업하는 아버지와 병든 어머니 탓에 그녀는 혼자 그림을 그리며 어린 시절을 보냈다. 춤을 추고, 글을 쓰는 행위도 어찌 보면 그들을 초혼하여 혼으로나마 재회하고픈 그리움의 발로라 하여도 지나침이 없다.

인간이 맞이하는 가장 극적인 순간은 탄생과 사랑과 죽음이다. 문학이 애통한 죽음을 순수하게 묘사하면 사자(死者)와 동행하고픈 유혹마저 느끼는데 그것은 죽음을 상징하는 사물에 감정과 인상이 이입되었기 때문이다. 조향미가 엮은 〈애상〉은 작가가 초등 6학년 때 병사한 어머니를 환생시키려는 절절한 심정이 박힌 살풀이굿을 떠올려준다. "어머니는 나의 유년기 내내 병원 생활했다"라는 짧은 단문만으로도 강인한 어촌 여자가 되지 못했던 여인의 한(限)을 틈새 없이 요약한다. 줄무늬 환자복, 천성마을 해신당, 바닷가의 굿 소리, 꼭두인형 등은 지금도 블랙홀처럼 작가의 그리움을 빨아들여 '애상'의 비감(悲感)을 낳는다.

> 내 어린 시절을 되살려 주는 기억은 애상뿐이다. 어린 시절 가슴 속 깊은 곳에 자리한 감정은 웃음과 눈물뿐이라 여겼다. '희비'라는 말만큼 내 감정을 고스란히 드러내는 단어는 없다. 나이를 먹을수록 그것을 조절하는 힘이 늘어간다고 하지만 어떤 사물을 보면 지금도 불시에 웃음이 터지거나 눈물을 참지 못할 때

가 있다. 내 애상의 시원始原이 무엇이냐 물으면 어머니의 환자
복이라고 대답하고 싶다.

-〈애상〉 일부

　사람은 사건과 사물로서 상대방을 기억한다. '사물은 감정의 형상이다'고 여기는 조향미는 어머니의 체취를 갖지 못한 상실감을 지금도 간직하고 있다. 어머니의 환자복을 애상의 시원으로 삼고, 천성마을을 모태로 여기고, 친정 부모 산소를 기억의 회로로 간주하는 이유도 어린 시절에 각인된 고아 심리를 치유 받고 싶기 때문이다. 이처럼 아버지의 흰 종이 신, 할머니의 하얀 소지, 어머니의 창백한 얼굴은 그녀의 가족사를 이루는 색채 이미지를 지닌다.
　조향미에게 다다익선(多多益善)이 부정되는 곳은 친정과 시가의 어머니들이다. 어머니상을 다룬 〈사모곡(四母曲)〉의 제목도 역설적이다. 우리말로 읽으면 어머니를 그리워하는 노래로 보이지만 한자 표기는 두 명의 친정어머니와 두 명의 시어머님에 대한 남다른 곡절을 뜻한다. 네 분의 어머니는 "엄마 복'(?)이 아니라 갈등과 긴장의 대상이다. 하지만 작가는 나를 낳은 생모, 차갑지만 격정적이었던 양모, 얼굴을 본 적이 없으나 여장부다웠다는 시어머니, 오랜 시간을 함께 산 새 시어머니들의 낳은 정과 기른 정에 다름이 없었다고 말한다. 그녀는 그들을 모정으로 인격적 성장을 이루고 자

식을 키우는 자질을 자신의 운명을 '복된 탓'으로 반전시킨다. 이들은 시대의 관습에 엉킨 희생자들이므로 작가는 그들 모두에게 우담발라 치성을 올려 극락왕생을 기원한다.

깔끔한 조형미로 짜여진 〈풀빛 원피스〉는 아내를 사별한 아버지가 새로 맞이한 젊은 어머니를 주인공으로 삼는다. 첫 만남부터 아버지가 별세하면서 홀연히 떠날 때까지 작가와 그녀 사이에 있었던 갖가지 애증을 풀빛 원피스로 재조명한다. 그녀의 생생한 풀빛은 한 여인의 짧은 행복과 긴 망각의 세월을 각인시킨 메신저 역할을 한다.

> 예뻤다. 풀빛 원피스에 하얀 구두를 신고 단아하게 앉아 있었다. 창가에 달린 햇살 한 줌이 뽀얀 얼굴 위에 발그스레한 연지처럼 모여 있다. 문을 열고 들어가자 철 지난 해풍에 그녀의 머리카락이 가볍게 흔들렸다. 미소를 머금으며 조용히 자리에서 일어났다. 학처럼 부드럽고 우아했다.
>
> —〈풀빛 원피스〉 일부

작가는 사람에 대한 첫인상이 어떤 기억으로 남는가를 보여준다. 그녀의 고아한 성격을 드러내는 풀빛 원피스와 흰 구두는 현대 미술의 여인도(女人圖)에서 빌려왔다고 여길 정도로 독자의 시선을 끌어당긴다. 여중생의 망막에 비친 첫인상에서 몽환적인 불안감을 느꼈다는 고백은 모던한 여성의 존재를 거부하면서도 닮고 싶은 이중심리를 드러낸다. 조향미도 풀빛 원피스라는 사물로써 그녀 사이에 이루어진 진학 상담, 미술에 대한 영향, 결별 후 걸려 온 전화에 얽힌 일화들을 되살린다. 어머니의 장례식을 꼭두인형으로, 새어머니와의 만남을 풀빛 원피스로 떠올리는 것은 그녀의 감수성이 색채에 이어져 있음을 입증한다.

조향미의 후반기 가족사는 모정과 헌신이라는 추상개념을 초석으로 삼는다. 그녀는 유달리 아들 가족과 손녀에게 피붙이의 정성을 보낸다. 이러한 애정은 여성의 본능이지만 어린 시절에 자신이 누리지 못한 모정 결핍을 치유하고 내림 사랑을 실천하려는 욕망이기도 하다. 그 작품 계열에 속하는 〈너를 지켜 줄 거야〉는 아들의 배꼽 띠를 소재로 한 작품이다. 출생 때 떼어낸 배꼽 띠를 아들이 중요한 일을 맞이할 때마다 부적처럼 간직하도록 하고 "아들을 지켜내는 일이 자신이 사는 이유"라고 밝힐 정도로 자식은 그녀 삶의 지렛대로 자리하고 있다.

〈해 할머니〉는 손녀가 해운대에 사는 자신을 칭하여 '해 할머니'로 부르는 데서 따온 작품으로 손녀 사랑을 따뜻한 감성으로 풀어내면서 '햇살 같은 해 할머니'가 되고자 하는 완숙한 인간애를 표방한다.

가족사를 서사 구도로 심화시킨 작품은 단연 〈작살금〉이다. 일차적 주제는 시아버지가 어장을 운영하던 사량도의 한적한 해변에서 시가 가족들의 여름 피서를 다룬다. 이차적 주제는 시아버지와 손자 사이에 펼쳐지는 두터운 신뢰로서 헤밍웨이의 〈노인과 바다〉에 일치시킨 서사 덕분에 이 작품을 입문수필로 평가받도록 한다.

> 사람들에게는 작살금 같은 이야기가 하나씩 숨겨져 있다. 구체적인 장소가 그리움, 아쉬움 같은 추상개념이 되면 신열이 된다. 사람들은 사라진 곳에 대해 애틋함으로 그때 그곳을 찾는 게 아니다. 추억의 줄기를 엮어 주던 누군가가 있기 때문이다. 아들에게는 찰랑이던 파도, 쏟아지던 햇발, 따개비가 붙어 있던 갯바위. 그 모든 것을 수호신처럼 보호하던 분이 있었다. 자갈마당에서 뛰놀던 손자들을 내려다보며 굵은 주름으로 웃던 할아버지가 또 다른 바다 노인이 된 것이다.
>
> — 〈작살금〉 일부

성장한 아들이 어린 시절을 보낸 바닷가로 찾아가는 회귀 구도는 조향미의 가족 상실감을 대신한다. 태풍 피해로 낙심한 시아버지가 세상을 떴을지라도 작살금은 작가에게는 행복한 시절을 떠

올려주고, 아들에게는 살아갈 미래에 용기를 부여하는 인생 교실로 자리한다. 푸른 바다를 무대로 삼은 가족 서사를 대하노라면 몽상에 철학자 바슐라르가 말한 물의 이미지가 수필에서는 어떻게 작동하는가를 부수적으로 살필 수 있다.

부모와 자식을 등장시킬 때 작가는 인간사의 희비를 머리가 아닌 가슴으로 받아들임으로써 이미지를 구사하는 묘사력을 높여나간다. 곡진한 생의 파장을 서경 수필로 짜낼 때 주제마다 서술 기법을 달리하여 치열하고 진중한 창작력도 보여주고 있다.

3. 물상 투시와 통찰의 감수성

수필의 문학성은 문장보다는 심화한 소재 해석에 더 많이 좌우한다. 소재가 신선한 개성미를 지니는가도 주제와 직접적인 연관을 맺는다. 이것을 결정하는 것이 통찰이다. 성찰이 삶에 대한 기억 불러내기라면 통찰은 사물을 해석하는 사유이고 성찰은 소재를 되새김한다면 통찰은 그것을 내면으로 심화하고 지평을 넓혀나간다. 바람직한 수필은 소재를 성찰하고 통찰하는 가운데 언어와 유기적인 상관성을 맺을 때 이루어진다. 작품의 독자가 새로운 앎에 다다랐다는 만족감도 작가의 치열한 통찰력에서 비롯한다. 이런 성과를 이루려면 작가는 항상 많이 읽고 보고 생각할 필요가 있다.

조향미에게 그 과정은 그림과 춤은 글쓰기로 나타난다. 춤을 통하여 인간 심리에 공감하고 그림으로 인간 세계를 표현하는 가운데 사물과 언어를 결속시키는 글쓰기를 계속한다. 만물이 지닌 존재성을 포착하려는 그녀의 물상 투시는 다양하게 나타난다. 홀로 선 나무, 돌탑, 가을 단풍, 섬진강 매화, 신발, 후배의 죽음, 마늘, 암초 등의 자연 사물과 인공물상이 그녀 통찰력의 근원이다. 이러한 소재를 살펴보면 작가의 안목은 항상 열려있고 낯선 형식을 고안하려는 노력이 체화되어 있음을 발견하게 된다.

〈홀로 선 나무는 제 그림자를 지킨다〉는 물상을 철학적 대상으로 끌어올린 표제작이면서 대표작이다. "홀로 선 나무"는 소나무 은행나무 느티나무 같은 특정 수종이 아니라 통칭으로서 나무를 거론한다. 일반 지칭은 나무가 지닌 본질을 탐색하는 출발로서 인간이 임의로 정한 차별성과 개별성을 거부하면서 '모든 사람은 모두 사람이다.'라는 보편주의를 지향한다. "나무는 평생 쉬지 않는다"라는 명제도 인간도 일해야 한다는 명분을 끌어안는다.

우리가 아무리 주변을 살펴본들 나무만큼 제 자리에서 일하는 존재를 찾을 수 없다. 작가는 홀로 선 나무에서 숭고한 고독과 품격을 찾아 '나무 송(頌)'을 읊는 가운데 자신의 존재성도 정립해나간다. 제철에 맞게 성장하고 어떤 장소도 마다하지 않는 평심이 인간이 배워야 할 순행의 도리라는 것이다.

　　세상의 생명들은 사철 분주하다. 나무도 평생 쉬지 않는다. 땅속 물을 빨아올리고 잎을 키우고 물들이며 열매를 맺는다. 밖으로는 사람들에게 그늘을 만들어 주고 주위 나무와 숲을 이루었다가 마지막으로 목재로 쓰인다. 인류의 탄생 이전부터 대지를 푸르게 하였고 인간의 성장과 발전을 흐뭇하게 바라보는 수호신이 되어 아낌없이 내어주고 가르쳐 주고 보살펴 준다. 나무는 남을 위해 살고 있으므로 나무다.
　　　　　　　- 〈홀로 선 나무는 제 그림자를 지킨다〉 서두

　　홀로 선 나무는 제 그림자를 지킨다. 달이 구름을 따라가고 구름이 바람을 뒤쫓아 가듯 몸은 마음을 앞세운다. 엉킨 나무들은 제 그림자가 어디 있는지 알지 못하지만 홀로 선 나무는 결코 자신의 그림자를 버리지 않는다. 그림자는 비가 오면 나무 뒤에 숨고 해가 나오면 볕을 쪼인다. 서로를 지켜 줄 수 있을 때 비로소 함께 할 수 있으니 빈 들에 부는 낯선 바람마저도 감미롭다. 계절이 오가도 그 옆에는 변함없는 그림자 하나. 홀로 선 나무는 제 그림자를 지킨다.
　　　　　　　- 〈홀로 선 나무는 제 그림자를 지킨다〉 결미

서두에서는 나무를, 결미에서는 '홀로 선 나무'를 서사적 주인공으로 의인화한 작가는 모든 나무를 희생과 배려의 상징으로 발전시킨다. 무엇보다 홀로 선 나무를 지조와 자존의 형상체로 내세운다. 작가도 "홀로 선 나무는 제 그림자를 지킨다"라는 구절을 암송할 때마다 수도승 같은 삶과 그 그림자를 사랑하게 된다. 세상이 이러한 수림이라면 인생살이를 감내하지 못할 이유가 없을 것이다.

조향미의 성찰은 불교가 가르치는 자비와 달관에 접근한다. 외진 산길에 쌓인 돌탑을 지켜보면서 해탈 정토를 소망하는 〈보금사 돌탑〉은 실제의 사찰이 아니라 마음속에 세운 사탑(寺塔)을 경배하는 글이다. 새 둥지처럼 아늑한 보금자리 뜻으로 지은 보금사는 중생의 소원을 간구하는 보살 정신을 구현한다. "좌선한 자리가 법당"이고 "마음의 석종 같은 석탑"을 세운다는 작가의 말은 잘 익은 안목으로 세상을 바라보고 싶다는 마음에서 비롯한다. 〈가을, 소리에 젖다〉는 화악산 정상에 자리한 산사의 만추를 담아낸 서경 수필이다. 불물처럼 흘러내리는 단풍산을 배경으로 "가을이면 나무도 스님도 단풍도 탑도 모두 소원을 빈다"라는 절창을 뽑아냈다. 시심(詩心)과 신심(信心)을 아우르고 시각 이미지를 청각 이미지로 변환시킨 문맥은 마음을 하방하자는 주제를 등극시킨다.

인간과 사물과의 교감을 다룬 〈홍매다감〉과 〈오래된 벗〉은 작가의 다채로운 통찰력으로 세상을 살핀 작품이다. 사물을 사람의 생활권 안으로 끌어들인 〈홍매다감〉에서는 매화 가지와 머리가 부딪쳐 생긴 상처를 붉은 꽃에 비유한 변용이 남다르다. 상처에서 매화를 찾아낸 낯설게 하기는 고뇌조차 감내하려는 작가의 인격을 돋보이게 한다. 평생 무거운 신체를 묵묵히 받쳐온 발에게 바치는 〈오래된 벗〉이 지닌 역설은 신체에서 가장 낮은 발을 보려면 허리를 굽혀야 한다는 잠언이라 하겠다.

문학으로 시작한 조향미의 예술론은 문학으로 마무리된다. 그녀가 공부한 미술 분야가 치유로 나아가고 춤에 대한 긴장이 독무를 추는 꿈으로 나타날지라도, 이 분야는 완벽한 창작과 온전한 피난처가 되지 못한다. 그 불완전에 불안했던 작가는 어느 날, 바닷물에 잠겼다 떠오르는 암초를 발견하고 자신의 감성을 수면 위로 떠 올려주는 제3의 표현 세계를 발견하였다. 그것이 수필임을 밝히는 〈여(礖)〉는 초연하고 여유롭게 자신의 존재를 성찰하는 메타수필의 성격을 지닌다. 〈내 친구 stringer〉는 생활의 스트레스가 때로는 창의력을 높여준다는 인식을 다룬다.

> 스트레스를 잘 다루기만 하면 푸서리나 자갈밭이 아니라 옥토가 되기도 한다. 어떤 일을 하면서 초조하고 막막할 때도 있지만 스트레스가 평생 좋은 친구가 되어 줄 것이라 믿어본다. 춤을 추

든, 글을 쓰든, 무엇을 하며 살아가든.

- 〈내 친구 stringer〉 일부

    조향미에게 불운과 장애물은 글에 활력을 불어넣는 계기로 작용한다. "춤을 추든 글을 쓰든 무엇을 하며 살든" 그녀가 현실을 지혜롭게 대처하도록 하는 긍정 마인드를 배양하였다. 그녀의 존재가 매번 새로워진다는 사실은 수필이 내재화의 동기이자 결실이라는 사실을 입증한다. 이 깨침만으로도 그녀에게 수필은 욕망과 힐링을 성취한 미적 진실성을 갖는다.

덧붙여: 홀로 선 작가에게

    수필이 생활기가 되는가, 인생 서사가 되느냐는 비평 기준은 작품 내부에 있다. 인생에 대한 깊은 성찰, 사물의 중심을 파악하는 통찰력, 삶과 문학에 대한 진실이 문학성의 기준이라는 점은 작가라면 누구나 인정한다. 문제는 이러한 층위에 다다른 모습을 작품으로 구현하여야 한다는 데 있다.
    조향미는 이런 수필 시학에 더없이 성실하다. 적합한 문장을 얻기 위하여 도서관을 찾고 정관을 이루기 위하여 바닷길을 걷는다.

춤과 그림과 문학을 영혼의 거울로 삼고 심연 같은 고독을 증류시켜 자신의 분신으로서 수필집을 상재한다.

《홀로 선 나무는 제 그림자를 지킨다》는 남모르는 상처와 통증을 자정(自淨)하면서 정립한 자아 구현의 작품으로 짜여있다. 그런 가운데 인생의 무희이고 존재의 화가이며 삶의 작가라는 자아상도 세웠다. 빈 섬에 핀 보라색 붓꽃처럼 작품 하나하나가 세속을 향하여 정갈한 생의 향기를 흐르게 한다. 그 순리의 세월이 작가와 작품의 일체성을 이루었다.

조향미의 수필과 문학과 예술의 아름다움은 "홀로"라는 미학에 있다. 홀로 핀 들꽃, 홀로 맺은 열매, 홀로 걷는 나그네처럼 고독을 이겨낸 열정과 순정이 어울린 작품을 만나려면 《홀로 선 나무는 제 그림자를 지킨다》를 찾을 것이다. 그 문학의 숲에 들어서면 모든 작가가 동경하는 수필 시학을 몸으로 받치고 있는 수필가가 조향미 작가임을 확인할 것이다.

· EPILOGUE

홀: 홀연히 다가오는 낯선 바람에 자세를 낮추는 새들. 푸르른 대지는 바다를 향해 허리를 숙이는 시간, 붉게 물든 하늘은 낮달을 향한 연심의 불꽃을 피운다.

로: 로터리에서 이정표처럼 팔 벌린 나무. 뿌연 먼지와 잿빛 소음을 일상화하지만 함께한 인연이 있어 초연한 자세로 도심을 지켜본다.

선: 선물 같은 세월이 누구에게나 주어지지만, 언제나 행복하지 않다. 무엇보다 지금, 이 순간이 소중한 선물이 아닐까.

나: 나와 그가 함께 세운 언약이 돌처럼 굳건해질 때 신뢰의 강이 흐르고 믿음의 폭포가 쏟아진다.

무: 무심으로 빚어낸 달항아리. 선 고운 자태로 그대 손길 기다리네. 그윽한 눈빛은 이슬 타고 내려온 월궁항아의 모습 이런가.

느: 느개가 낮게 내리는 오래된 산사의 오후. 석련지 위에 떠도는 갈빛 나뭇잎 하나. 배롱나무 꽃잎도 이끼 낀 부도 위에 조용히 앉는 무렵.

제: 제 갈 곳 찾아 떠도는 붉은 노을이 산등성이에서 그림자로 누우면 나그네는 길었던 하루의 길을 잠시 멈춘다.

그: 그곳에 예전처럼 한 폭 수묵화로 강파른 벼랑 위에 서 있는 나무. 척박한 바위에 고독과 고난의 뿌리 내리며 거친 세월마저 품어 안는다.

림: 임 그리워 홀로 나서면 산 넘어 불어오는 하늬바람에서 그대 웃음을 듣는다. 감빛 잎사귀도 흰머리 억새도 바람의 너울을 맞아 웃으며 손짓하네

자: 자욱한 안개 속에서 다가오는 그대가 내 눈동자에 담긴다. 늦가을 빈 들녘. 잡초들도 마중하듯 흔들린다.

를: '를'과 '을'이 앞말로 좌우되는 문자 세상. 앞선 생각, 앞선 정보가 뒤에 오는 사람에게 득이 되기도 하는 세상 살림. 우리도 앞선 사람이 될 수 있다.

지: 지난밤 폭풍도 아침에는 여인이 든 부채처럼 부드럽게 흔들린다. 인생이란 그런 것. 지금의 고난은 축복이 되고 눈앞 성공이 눈물의 서곡이 되는 것도 한순간이다.

킨: '킨'은 어울림의 미학이다. 자음과 모음과 받침이 화합하여 생명을 얻는다. 의미 없는 자모 획도 조화를 이루면 문자가 된다. 너와 내가 우리가 되는 것처럼.

다: 다시 태어난다면 나무가 되고 싶다. 한자리에 뿌리를 내리고 누군가의 위안이 되어 주는 나무. 그땐 나무를 닮으려는 누군가 인연으로 찾아올 것이다. 오래된 나무는 제 인연을 지킨다.

조향미 수필집
홀로 선 나무는 제 그림자를 지킨다

인쇄 2022년 10월 24일
발행 2022년 10월 28일

지은이 조향미
발행인 서정환
펴낸곳 수필과비평사
주소 서울시 종로구 삼일대로 32길 36(운현신화타워 빌딩) 305호
전화 (02) 3675-3885 (063) 275-4000
팩스 (063) 274-3131
이메일 essay321@hanmail.net
출판등록 제300-2013-133호
인쇄 · 제본 신아출판사

저작권자 ⓒ 2022, 조향미
이 책의 저작권은 저자에게 있습니다. 서면에 의한 저자의 허락 없이 내용의 일부를 인용하거나 발췌하는 것을 금합니다.
COPYRIGHT ⓒ 2022, by Cho Hyangmi
All right reserved including the rights of reproduction in whole or in part in any form.

저자와 협의, 인지는 생략합니다.
잘못된 책은 바꿔 드립니다.

ISBN 979-11-5933-432-0 (03810)
값 13,000원

Printed in KOREA

본 도서는 2022년 부산광역시, 부산문화재단 〈부산문화예술지원사업〉의
지원으로 제작되었습니다.